Dr. Stefanie Gräf

Federn im Kopf

Die Kunst, schwierige Situationen gelassen zu meistern.

Impressum

Autor: Dr. Stefanie Gräf

ISBN:

„978-3-98661-050-0“ Paperback Amazon

Lektorat: Luise Esau

1. Auflage November 2022

Druckerei: Amazon Media EU S.á r.l., 5 Rue Plaetis, L-2338, Luxembourg

Buchsatz

Covergestaltung:

Über die Autorin:

Dr. Stefanie Gräf ist zertifizierte psychologische Beraterin sowie Coach für Mentaltraining in eigener Praxis. Zuvor war sie mehrere Jahre zuständig für das Gesundheitsmanagement in einem international agierenden Unternehmen und in dieser Position Ansprechpartnerin für die Mitarbeiter. Die damaligen Erfahrungen sowie die enge Kooperation mit Psychologen prägten sie tief und waren der entscheidende Impuls, sich noch intensiver mit dem Thema Psyche auseinanderzusetzen. Als gefragte Beraterin im Bereich

INHALTSVERZEICHNIS

Einleitung

Der 1988 veröffentlichte Song „Don't worry, be happy" von Bobby McFerrin brach alle Rekorde. In den USA, Deutschland, Österreich, Großbritannien und der Schweiz stürmte das heiter -ironische A-Capella-Liedchen mit dem Fingerschnippen die Charts und landete auf Platz 1 bzw. 2. Es war zugleich der erste A-Kapella-Hit, der die Billboard-Charts anführte, außerdem heimste das Lied drei Grammys ein. Ein voller Erfolg! Offenbar traf der Song einen Nerv beim Publikum und in der Folge tauchten in der Öffentlichkeit schlagartig Aufkleber mit dem Titel sowie zahlreiche Grinse-Smileys auf. Als ob sich alle gegenseitig zurufen wollten. Mach dir keinen Kopf, sei fröhlich!

Nette Idee, oder? Brauchst du manchmal vielleicht auch so einen Sticker, weil du dir viel zu oft Sorgen machst und dein Kopf vollgestopft ist mit lauter Dingen, die du unbedingt noch erledigen musst? Deshalb fühlst du dich häufig gestresst, ausgelaugt und müde und hast insgeheim den Eindruck, die entscheidende Abzweigung in Richtung Glück und Zufriedenheit verpasst zu haben. Ohne Navi aber auch schwierig, oder?

Wie wäre es, wenn du dich nicht länger in die Tretmühle einsperren lässt? Wie wäre ein Leben nach deinen Maßstäben? Ein Leben, das dir guttut, das an deinen persönlichen Bedürfnissen, innersten Wünschen und Zielen ausgerichtet ist. Ein Leben, das sich so leicht und entspannt anfühlt, als hättest du … naja, Federn im Kopf: Du bist du selbst und lässt dich nicht mehr von anderen Menschen oder Dingen treiben.

Das ist die Basis für einen Zustand der völligen inneren Ruhe, die mit Heiterkeit entspannt die Dinge nimmt, wie sie kommen, und sie angemessen sowie ihrer Bedeutung entsprechend bewertet.

Ich persönlich mag das Bild von den Federn im Kopf, denn es beschreibt dieses beglückende Gefühl von Freiheit, Leichtigkeit und heiterer Gelassenheit; mit Federn im Kopf lassen sich mögliche Hürden in unserem Leben händeln. Ein anderer Begriff für „Federn im Kopf“ ist: mentale Stärke.

Wenn du dir Federn im Kopf und eine ultimative Leichtigkeit in deinem Leben wünschst, bist du hier genau richtig!

In diesem Buch erfährst du, wie du endlich ein gelassenes, entspanntes Leben führen kannst und dich frei machst von tatsächlichen und vermeintlichen äußeren Zwängen. Mit der Federn-im-Kopf-Strategie holst du aus deiner Existenz das Beste heraus: Ein wirklich sinnvolles Leben voller innerer Ruhe und gelassener Heiterkeit. Stress? War gestern!

Insofern hast du hier eine Fundgrube für Mittel und Wege vorliegen, die dir helfen, dieses Ziel auf dem besten und zugleich schnellsten Wege zu erreichen. Denn je eher du auf die Bremse trittst, desto schneller kannst du dein Leben so gestalten, wie du es dir schon immer ersehnt hast: Ein Leben erfüllt von Ruhe und Unbeschwertheit, ein Leben, in dem du rundum bei dir selbst angekommen bist. Lass dir nicht länger die Ziele anderer aufdrücken – verfolge deine eigenen. Messe dich nicht mehr mit Maßstäben, die dich nicht voranbringen – sei dein eigener Maßstab. Sei zufrieden – und genieße das wunderbar-gelassene Gefühl fernab vom ständigen Mehr-haben-wollen oder Besser-sein-zu-müssen. Genieße die heitere Leichtigkeit in deinem Leben und sei fortan ganz du selbst und mit dir im Reinen!

Klingt wie esoterisches Gequatsche? Keine Sorge! Bei der Federn-im-Kopf-Strategie musst du weder um Mitternacht auf dem Friedhof irgendwelche seltsamen Rituale ausführen noch nackt im Morgentau die Sonne begrüßen oder merkwürdige Dinge trinken, die angeblich dein Karma reinigen. Das grandiose Federn-im-Kopf-Gefühl kann jeder erreichen und genießen, dazu musst du auch keine teuren Kurse besuchen oder unnötiges Equipment kaufen. Du gehst mit einem Versuch also kein Risiko ein. Ein guter Anfang, oder?!

Damit du diesen großartigen Zustand der Leichtigkeit und Unbeschwertheit umso schneller erreichst, findest du im Buch immer wieder praktikable und einfach umsetzbare Übungen, mit denen du deinem Ziel stetig näherkommst, deine eigentlichen Lebensziele entdeckst, deine Stärken erkennst und lernst, dir selbst zu vertrauen und in dir zu ruhen. Ich nehme dich an die Hand und unterstütze dich dabei, deinen Kopf von dem lästigen alltäglichen Ballast zu befreien, der uns alles so unendlich schwer macht und der Grund für so viel Frust ist. Entscheide dich für ein Leben, das dich jeden Tag aufs Neue wieder zufrieden macht; ein Leben, in dem du dir selbst dann noch ein heiteres Schmunzeln bewahrst, wenn es mal nicht so rund läuft. Das erreichst du natürlich nur, wenn du dich für diese Lebensveränderung bewusst entscheidest und das, was du in diesem Buch lernen wirst, in deinem Alltag umsetzt.

PS: Was viele nicht wissen, der Aufruf „Don't worry, be happy“ ist kein genialer Einfall des Jazz-Musikers Bobby McFerrin. Er hat vielmehr den indischen Guru Meher Baba zitiert. Dieser hatte im Jahr 1925 mit einer ungewöhnlichen Aktion ein Zeichen setzen wollen für einen positiveren Umgang der Menschen miteinander. Für ihn war es unter anderem ein Unding, dass sich die Leute gegenseitig anschreien. Sein Protest dagegen war absolut einzigartig: Vom 10. Juli 1925 an bis zu seinem Tod 44 Jahre später sprach er kein Wort mehr. Fortan kommunizierte er bei Bedarf mit Gesten und Buchstabentafeln. DAS nenne ich konsequent!

Federn im Kopf, Note: 1+.

KAPITEL 1:

Haltet die Welt an, ich will aussteigen!

Dieses Problem will ich nicht, zeig mir das nächste!

„Carpe diem!“, „Lebe jeden Tag so, als wäre er dein letzter!“, manchmal ist es wirklich schon lästig, sich solche pauschalen Ratschläge anhören zu müssen. Vorzugsweise wird man genau dann damit konfrontiert, wenn es so gar nicht passt und einem sowieso gerade der Hut hochgeht ...

Das sind auch Klassiker aus den bekannten Selbsthilfe-Ratgeber – und davon gibt es inzwischen eine ganze

Menge! Wir alle haben irgendwo zwischen Leber und Milz dieses seltsame, vage Gefühl, dass es im Leben doch irgendwie noch was anderes geben muss: nicht immer nur Stress bei der Arbeit, Stress zu Hause, Stress beim Konsumieren, Stress beim Fernsehen und Stress in der Freizeit … Alles nervt und zerrt an uns, da fällt es unglaublich schwer, den Kopf mal wieder freizubekommen – oder auf Neu-Deutsch: die Work-Life-Balance mal wieder zu optimieren.

Das dumpfe Gefühl, es müsse sich dringend etwas im eigenen Leben ändern, haben unglaublich viele Menschen. Du bist also in bester Gesellschaft! Wer wäre nicht gerne fröhlicher, glücklicher, zufriedener, entspannter!? Inzwischen ist es deshalb schon mit den Ratgebern fast wie mit dem Küchenschränkchen in den guten, alten Slapstick-Filmen: Beim Öffnen einer Tür wird er von einer Lawine von Geschenkpapier oder Tupperware begraben. Das heißt, es gibt unfassbar viele. Vom Buddhismus bis hin zu kabbalistischen Riten, von Akupressur bis Lach-Yoga ist alles dabei, um das eigene Leben zu „pimpen". Ich glaube, inzwischen wurde so ziemlich alles ausprobiert.

Nein, halt! Ich hätte da noch eine Idee: Wie wäre es mit einer Blutegelkur? Die schlechten Gedanken einfach in einer einsamen Höhle im spanischen Hinterland aussaugen lassen. 3.500 Euro für eine Woche, ohne

Flug. Würde ich zehn Leute davon überzeugen, hätte ICH die Federn im Kopf und wäre unterwegs nach Brasilien, während DU dich ärgerst, weil du eine fiese Erkältung von der zugigen Höhle hast … Gewagter Plan, oder? Gerade letztens erst bekam ich beim Surfen im Internet so etwas als ultimative „Detox-Kur"- gegen Stress und Grübeleien angezeigt.

Ganz im Ernst, ich fände es besser, wenn du ebenfalls weißt, wie du das Gefühl von Federn im Kopf bekommst. Und jetzt die gute Nachricht: Dazu kannst du natürlich nach Spanien fahren (und die Sonne und das Meer genießen), aber den Trick erkläre ich dir auch dann gerne, wenn du dabei entspannt und gemütlich auf deinem Sofa sitzt und dieses Buch liest.

Ein Teil des Problems ist auch, dass wir immer wieder mit Aussagen und Gedanken konfrontiert werden, die uns nicht nur bloß die Leichtigkeit vermiesen, sondern den Frust sogar noch steigern. Klassiker sind beispielsweise: „Sei froh, dir geht es doch gut im Vergleich mit anderen!", „Warum jammerst du denn? Dir geht es doch eigentlich gut!", „Was gibt es da zu lachen?", „Du solltest dir wirklich mehr Gedanken machen!" – Wer hat solche Sätze nicht schon einmal gehört und postwendend zum sowieso schon vorhandenen Frust auch noch ein schlechtes Gewissen bekommen?

Als Kind wuchs ich mit Aussagen auf wie: „Iss deinen Teller leer, die Kinder in Afrika würden sich freuen, wenn sie das essen könnten!" Wird da das Essen nicht direkt appetitlicher? Ja, na klar! Da bekommt man sofort spontan mehr Appetit auf Zungengulasch oder bitteres, schwabbeliges Grünzeug! (Vorsicht Ironie!)

Natürlich nicht, aber es ist etwas anderes passiert: Essen wird plötzlich zu einer Pflichtveranstaltung und die Lust auf Geschmackserlebnisse und Genuss rückt in weite Ferne. Gleichzeitig haben viele Menschen von ihren Eltern von Kindesbeinen an eingebläut bekommen, man müsse zufrieden und brav sein und klaglos Dinge tun, die man nicht tun möchte. Und als Druckmittel wurde einem ein schlechtes Gewissen gemacht, denn ich bin undankbar (immerhin habe ich zu essen) und anderen geht es noch viel schlechter. Wir haben gelernt: Halte die Klappe und leide still. Sätze, die auch sonst gerne und häufig genutzt wurden: „Aber was sollen denn die Leute denken?" oder „Wenn du das tust, ist deine Oma ganz furchtbar traurig!" Diese Methode ist nicht unbedingt die ideale Basis, um ein zufriedener, selbstbewusster Erwachsener zu werden, der sich traut, auch mal Nein zu sagen, wenn er oder sie etwas nicht möchte. Es ist fast schon amüsant zu sehen, dass es unzählige Kurse und Bücher gibt, in denen Erwachsene das Nein dann plötzlich wieder erlernen sollen. Der Erfolg dabei ist jedoch mäßig und ich frage mich immer wieder: Wieso wird einem erst etwas aberzogen, damit es dann hinterher mühsam wieder antrainiert werden muss? Schon verwirrend, finde ich.

Fast schon logisch, dass sich unglaublich viele Leute wie gefangen in ihrem Leben fühlen, als würden sie ständig zwischen den Stühlen sitzen. Und zusätzlich ein latentes Schuldgefühl im Nacken. Das Arbeitsleben ist stressig: Chefs verlangen permanente Höchstleistungen, Kreativität auf Knopfdruck und möglichst noch eine Erreichbarkeit rund um die Uhr. Das altbewährte Druckmittel „Na ja, wenn Sie nicht wollen, gibt es genug Menschen, die scharf auf Ihren Job wären …“ funktioniert schließlich bestens. „Ja, das Projekt ist ganz gut gelaufen, sparen Sie beim Nächsten doch noch da und da ein“ oder „Ah, sehr gut, Sie haben das Soll geschafft, dann können Sie ja noch eine Schippe drauflegen“ – klingelt es bei dir?

Vielleicht brauchst du nicht einmal diese kleinen Spitzen von außen, weil dein innerer Kritiker seinen Job sehr, sehr gut macht: Du hast gerade einen tollen Job gemacht, ein Projekt beendet, eine Klausur gut bestanden. Du fühlst dich im Prinzip großartig, euphorisch, möchtest dieses fantastische Gefühl nach allen Regeln der Kunst auskosten und dann sind da plötzlich wieder diese gemeinen Gedanken in deinem Hinterkopf: „Na ja, die Note wäre besser, wenn ich noch mehr gelernt hätte ...“

Schlagartig ist das gute Gefühl verpufft, fast als wäre es nicht in Ordnung gewesen, sich so zu fühlen. Irgendwie werden solche fabelhaften Momente immer ruiniert und stattdessen noch mehr gefordert. Denn, egal, was du tust, es ist nie gut genug. Du musst noch mehr Leistung bringen!

Na ja, nach Feierabend ist die Schinderei dann ja vorbei und ich kann zu Hause so sein wie ich will und einfach Fünfe gerade sein lassen – von wegen.

Stell dir vor, du willst endlich mal etwas für dich tun: Du hast schon einen schönen Abend geplant, vielleicht ein entspanntes Treffen auf ein Glas Wein und eine leckere Pizza mit einer lieben Freundin. Doch als du nach Dienstschluss endlich nach Hause kommst und dich müde und erschöpft kurz auf die Couch setzt … Was macht da deine innere Nervensäge?

„Ach, es ist doch gerade so gemütlich und eigentlich bist du viel zu müde. Hier ist noch eine Tüte Chips. Komm, sag deiner Freundin ab ...“ Dagegen wäre grundsätzlich nichts einzuwenden, wüsstest du nur nicht jetzt schon, dass du dich hinterher wieder für die „Faulenzerei“ nicht leiden magst.

Besser ist permanente Selbstoptimierung – so wird es uns in den Medien und der Werbung ja gerne verkauft. Wir müssen ständig daran arbeiten, immer besser zu werden. Das wird uns gepredigt. Besser heißt dabei: schlanker, durchtrainierter, amüsanter, kreativer, spontaner, glücklicher, positiver. Es gehört regelrecht zum guten Ton, permanent glücklich zu sein, positiv zu denken, hart zu arbeiten und Karriere zu machen, die Freizeit mit Sportkursen vollzustopfen, Koch- und Entspannungskurse zu belegen, Freunde zu treffen (und dann immer gut gelaunt zu sein), mehrmals im Jahr grandiose Reisen zu unternehmen, die andere neidisch machen und, und, und.

Echt jetzt?

Sicherlich kennst du auch diese typische Frage: „Na, wie geht's dir?". Und die erwartete Antwort ist immer: „Super, alles bestens!" – oder zumindest ein „Gut." Irgendwann habe ich mir mal den Spaß gemacht und den Spieß umgedreht: Ich habe einfach mal wirklich ehrlich und ungeschönt auf die Frage nach dem „Wie geht's?" geantwortet. Damals war ich gerade ziemlich mies drauf und habe das auch ganz offen ausgesprochen. Die Reaktionen haben mich beinahe umgehauen, so sehr musste ich mir das Lachen verkneifen. Niemand hatte damit gerechnet, dass ich gegen die Konventionen verstoßen und einfach „Mies." sagen könnte; insofern war von Schock bis Stottern und Ablenken alles dabei. Probiere es ruhig aus. Leider haben die meisten Menschen unglaubliche Angst vor der Reaktion der anderen und fürchten, bei denen durchzufallen, wenn sie gegen den Strom schwimmen. Kann man das? Darf man das? – so etwas summt ständig in den Köpfen vieler Leute.

Ja, klar, warum denn nicht!?

Auszeiten oder einfach mal Faulenzen sollten am besten einen „coolen“ Namen haben. „Wellness“ geht. Statt einfach rumzuliegen und mal nichts zu machen, „tut“ man hier nämlich schon wieder etwas: nämlich am Wohl des Körpers arbeiten, damit man den gesellschaftlichen Schönheitsidealen möglichst entspricht (die übrigens ebenfalls Druck auf uns ausüben) und in neuer Frische an den Arbeitsplatz stürmen kann.

Das Faszinierende bei dem Ganzen: In der westlichen Welt beschweren sich eigentlich alle über den Stress des modernen Lebens, bei dem es vordergründig um eine Form der krassen Selbstoptimierung und Selbstausbeutung geht, doch niemand drückt den Stopp-Knopf. Niemand wagt es, einfach mal die einschränkenden Normen über Bord zu werfen und das zu tun, was für ihn wirklich guttut. Und das Sahnehäubchen: Diese Tretmühle wird als Suche nach dem Glück deklariert. Höher, schneller, schöner, weiter – das soll Glück sein?

Ein anderer aktueller Glücksdieb ist ein ständiges Mehr-Haben-Wollen, das teilweise sogar in ein permanentes Mehr-Haben-Müssen ausartet. Gerade wenn es gut läuft in deinem Leben, rattert es vielfach unvermittelt in deinem Kopf los: „So, um WIRKLICH glücklich zu sein, muss ich dieses und jenes erreichen. Und dazu muss ich

Folgendes machen: ...“ Selbstoptimierung endet eben niemals, es stellt sich zu keinem Zeitpunkt so etwas wie Zufriedenheit ein. Heutzutage ist Zufriedenheit fast schon „out“. Unter „glücklich“ geht es nicht, darunter machen wir es nicht mehr. Doch ein Tag hat 24 Stunden, die mit lauter fabelhaften Übungen gefüllt werden müssen, um immer besser zu werden: Yoga, Meditation, Achtsamkeit, Atemtraining, fernöstliche Weisheiten, Kosmetik, Nagelstudio, Fitness, Glückstagebuch führen, Spinning, Pilates, Rhetorik usw. Und damit ist der Freizeitstress komplett. Hinzu kommt noch eine winzige Prise „die Nachbarn/Bekannten etwas neidisch machen“. Schließlich will man ja auch ein wenig bewundert werden für all die harte Arbeit an sich selbst.

Wenn ich das höre, kommt mir spontan wieder ein alter Spruch aus den 80er-Jahren in den Sinn:

„Haltet die Welt an!
Ich will aussteigen!“

Aber das trauen sich natürlich die Wenigsten. Das Ergebnis dieser ganzen Gemengelage: Psychische Erkrankungen nehmen stetig zu, Burn-out ist eine Hauptkrankheit unserer Zeit. Die Jagd nach dem besseren, optimierten Ich bricht uns psychisch gesehen oft genug das Genick – im übertragenen Sinne.

Lange Zeit waren Rückenschmerzen die unangefochtene Nummer 1 auf der Hitliste der Krankschreibungen. Inzwischen gehört der Thron den Depressionen. Angsterkrankungen sind ebenfalls auf dem Vormarsch, unglaublich viele Menschen machen sich permanent Sorgen und können gar nicht mehr aus dem Karussell der Grübeleien ausbrechen. Hieraus resultieren vielfach eklatante Schlafprobleme, sodass das morgendliche Aufstehen bereits zur Qual wird. Wir grübeln über das, was war, und sorgen uns über das, was morgen sein wird. Zugleich fürchten wir uns vor den Bewertungen unseres Lebens und unserer Taten durch unsere Mitmenschen und fühlen uns unter permanenter Beobachtung.

Dies alles würde schon ausreichen, das Leben richtig schön zu vermiesen. Aber was ist, wenn uns dann ein echter Schicksalsschlag trifft? Wenn ein lieber Mensch stirbt oder schwer krank wird, wenn uns etwas Schlimmes geschieht oder wir tatsächlich unseren Job verlieren und in Hartz IV abrutschen? Dann droht der Fall ins Bodenlose. Zumal es heutzutage ja auch kaum noch echte soziale Netzwerke gibt, also reale Menschen, die einen auffangen. Gar nicht davon zu reden, dass Plätze beim Psychotherapeuten rar und hart umkämpft sind.

Zerbrechen wir allmählich am eigenen Leben? Und die viel wichtigere Frage: Wie kannst du aus dieser Spirale aussteigen, die jegliche Lebensfreude raubt?

Tatsächlich geht es uns ein wenig wie in der Metapher mit dem Esel und der Karotte: Ein Esel soll einen Berg hinauflaufen. Wie könnte er dazu bewegt werden, den anstrengenden Weg in Angriff zu nehmen? Den meisten fällt zuerst die Peitsche ein. Das ist immerhin die Methode, die wir alle – bildlich – tagtäglich erleben. Natürlich wird der Esel irgendwann loslaufen, wenn ihm jemand immer wieder mit einer Peitsche auf den Hintern schlägt. Aber er wird sich nur sehr widerwillig bewegen und viele Pausen machen; vielleicht wird er das Ziel nie erreichen. Ihm ist es schließlich egal. Eine kreativere Alternative ist es dagegen, dem Esel eine Karotte vor die Nase zu halten und vor ihm herzulaufen. Er wird folgen, weil er Karotten mag und diese Belohnung gerne haben möchte. Dabei vergisst er möglicherweise die Anstrengung des Aufstiegs. Es gibt immer mehrere Möglichkeiten, ein Ziel zu erreichen. Die beiden Optionen kennst du sicherlich auch schon aus deiner Schulzeit: Vielleicht haben dir deine Eltern ein eigenes Auto versprochen, wenn du das Abitur bestehst (Karottenprinzip). Oder sie waren stocksauer über schlechte Noten und verpassten dir Stubenarrest, damit du dich endlich über die Bücher setzt (Peitschenprinzip).

Was jedoch vielen Menschen nicht bewusst ist: Es gibt noch eine dritte Option! Vielleicht hat dieser Esel gar keine Lust auf Karotten. Er ist eher der Kiwi-Typ oder findet Strandhafer ganz fabelhaft. Berg? Nee, lass mal, ich laufe lieber zum Meer ... Vielleicht ist das Abitur, die Karriere als Banker, die Weltreise oder die öffentliche Ehrung ja gar nicht das, was dich WIRKLICH innerlich zufrieden macht? Vielleicht ist es gar nicht so erstrebenswert, wie ein Top-Model auszusehen und stinkreich zu sein?

Ein Mensch, der über echte mentale Stärke verfügt, wird unbeirrt seinen Weg gehen und eigene Ziele verfolgen. So ein Mensch wird sich auch nicht von Meinungen anderer beirren lassen und ganz persönliche Träume verwirklichen. Ihm ist ebenso bewusst, dass es keinen Sinn macht, Ziele immer wieder zu verschieben, denn wir haben nur eine begrenzte Zeit hier. So jemand weiß, dass es eigentlich seine Gedanken sind, die die Realität beeinflussen; er wird diese deshalb im besten Sinne kontrollieren. Der innere Kritiker muss auf die stille Treppe, denn ein Mensch mit mentaler Stärke ist der Chef im eigenen Kopf; er ruht vollkommen in sich. Genau deshalb rütteln ihn auch Schicksalsschläge nicht so heftig durch wie bei anderen Personen.

Und um das zu erreichen, brauchst du gar nicht so viel zu tun. Eigentlich reicht es, fünf simple Punkte zu beachten:

1. Lerne, deine Gedanken zu kontrollieren.
2. Lebe, als sei der heutige Tag dein letzter.
3. Fürchte dich nicht vor der Meinung anderer und richte dein Handeln nicht mehr daran aus.

4. Unterscheide zwischen der Realität und deinen Gedanken. Ansonsten werden deine Gedanken zur Realität.
5. Lasse los.

Diese Art zu denken und zu leben, wird dir nicht nur Freiheit, sondern zugleich maximale Zufriedenheit geben, wenn du es schaffst und konsequent an deiner Einstellung arbeitest. Garantiert. Warum ich mir da so sicher bin? Weil hinter dem Ganzen eine uralte Philosophie steckt, die schon in der klassischen Antike bekannt war: der Stoizismus.

Falls du gerade schon leichte Gänsehaut bekommen hast, weil die Rede von Geschichte und Philosophie war, kann ich dich beruhigen: Du musst keine Angst haben vor komplizierten Diskussionen oder verstaubtem Denken. Tatsächlich ist die Lebenssicht der alten Stoiker verblüffend modern und lässt sich wunderbar auf unser heutiges Leben übertragen. Vor allem, weil sich diese Philosophie hervorragend mit den wirksamen Techniken des Mentaltrainings kombinieren lässt. Der Stoizismus, mit dem ich dich auf den folgenden Seiten bekannt machen werde, ist insofern „Stoa 2.0" – oder ganz einfach: Federn im Kopf.

„Wenn wir unser Gehirn dazu trainieren, zu denken wie die Stoiker, sind wir quasi automatisch glücklich. Denn wer sich über das Glas freuen kann, aus dem er sein Wasser trinkt, jubelt ja quasi den ganzen Tag vor Freude."

Diane Hielscher

KAPITEL 2:

Eine neue alte Lösung

Warum Strohköpfe nicht nachdenken? Ein Geistesblitz wäre brandgefährlich!

Starten wir doch direkt einmal mit einem kleinen Experiment; immerhin hatte ich ja versprochen, dich nicht nur mit grauer Theorie zu langweilen. Du musst dafür auch keine komplizierten Fragen beantworten und keine Punkte zusammenzählen. Mir ist viel wichtiger, dass du bei diesem Gedankenexperiment einfach mal ein wenig in dich hineinhorchst und darauf achtest, welche Saite in dir zum Klingen gebracht wird.

Los geht's!

Sprich bitte diese Worte laut aus:

- traurig
- hilflos
- leidend
- gelangweilt
- abgelehnt
- einsam
- müde

Lese bitte folgende Sätze laut vor:

- Das Leben ist schwer.
- Niemand mag mich.
- Nichts scheint zu helfen.
- Es gibt keine Hoffnung.
- Die Dinge laufen schlecht. Wahrscheinlich wird alles sogar noch schlimmer.

Jetzt schreibe bitte auf, wie du dich gerade fühlst:

Welche Bilder hast du beim Lesen im Kopf? Welche Emotionen hast du? Wie fühlt sich dein Körper an?

Nun zum zweiten Teil unseres Experiments:
Sprich bitte wieder diese Worte laut aus:

- Spaß
- Glück
- Lachen
- Chance
- Spannend
- Lebendigkeit
- Liebe

Lese bitte diese Sätze laut vor:

- Ich bin voller Energie. Ich kann so viel erreichen.
- Ich bin gespannt auf die Zukunft.
- Das Leben ist voller Chancen und macht einfach Spaß.

Jetzt schreibe bitte einmal auf, wie du dich gerade fühlst:

Welche Bilder hast du beim Lesen im Kopf? Welche Emotionen hast du? Wie fühlt sich dein Körper an?

- Überlege bitte einmal, was dir auffällt, wenn du deine körperlichen Empfindungen bei den Übungen miteinander vergleichst? Gab es Unterschiede?
- Vergleiche deine Gedanken. Gingen dir unterschiedliche Gedanken durch den Kopf?
- Vergleiche deine Gefühle. Hattest du unterschiedliche Emotionen?
- Was bedeutet das konkret? Welche Konsequenzen hat das für dein Leben?

Worauf ich eigentlich mit diesem Spiel hinaus will, kannst du dir sicher schon denken: Menschen reagieren unglaublich sensibel auf Sprache: Sie kann unser Denken, unsere Gefühle und sogar die Empfindungen des Körpers beeinflussen – obwohl wir gerade ganz entspannt zu Hause auf unserem Sofa sitzen. Worte lösen Gedanken und Empfindungen in uns aus, die unglaublich mächtig sind. Das geht so weit, dass es sowohl unser Welt- und sogar unser Selbstbild beeinflussen. Wir können körperliche Beschwerden haben, einfach nur weil Worte uns „triggern". Manche reagieren auf entsprechende Begriffe teilweise mit Magenschmerzen; sehr verbreitet sind Muskelverspannungen, weil Menschen sich bei bestimmten Worten innerlich so verkrampfen.

Dabei sind Wörter wie „Hoffnungslosigkeit" oder „Trauer" ja erst einmal nur Wörter. Nichts anderes. Sie sind eigentlich neutral, bloß eine Zusammenstellung von

Buchstaben. Traurig und hoffnungslos machen uns unsere Gedanken, die wir mit den Begriffen verknüpfen. Dabei sind es doch strenggenommen nur Buchstabenfolgen …

Spinnen wir das doch ruhig einmal weiter: Ist ein Gewitter an sich schlimm? Nein, es sind die Fantasien, die unsere Befürchtungen auslösen. Bilder von Blitzen, die Menschen treffen oder in Häuser einschlagen, Ideen von heftigen Windböen, die Bäume umknicken und auf Häuser stürzen lassen. Oder das Fliegen: Ein Flugzeug an sich ist nicht schlimm. Es ist die Idee, darin zu sitzen, ausgeliefert zu sein und vielleicht plötzlich abzustürzen – das löst die Angst aus. Das kann man immer weiter spinnen …

Die Erkenntnis, dass uns sogar schon simple Wörter und die davon ausgelösten Gedanken derart aus der Fassung bringen können, ist nicht neu:

„Du hast die Macht über deine Gedanken. Wenn du das verstehst, findest du Stärke."

- Marcus Aurelius

Marcus Aurelius – oder Marc Aurel – war von 161 bis 180 nach Christus römischer Kaiser und wird gerne als „Philosoph auf dem Kaiserthron“ bezeichnet. Tatsächlich ist er der letzte bedeutende Stoiker und sein Werk „Selbstbetrachtungen“ zählt heute zur Weltliteratur; daraus stammt auch das Zitat. Seine innere Überzeugung und seine mentale Stärke halfen ihm, den schlimmen Krisen zu widerstehen, mit denen das Römische Reich zu dieser Zeit konfrontiert war – von der Pest und katastrophalen Überschwemmungen bis hin zu Feinden an allen Reichsgrenzen. Sein Tod markierte einen deutlichen Umbruch in der Geschichte.

Schon als Jugendlicher beschäftigte sich dieser legendäre Philosophenkaiser mit den Gedanken der Stoa und setzte diese konsequent um. So wird etwa berichtet, dass der junge Marc Aurel beschloss, auf dem harten Boden zu schlafen; seine Mutter hatte große Mühe, ihm zumindest ein Tierfell als Unterlage aufzunötigen. Diese Gewohnheit behielt der Kaiser den Rest seines Lebens bei.

Keine Sorge, du musst es ihm nicht gleichtun, wenn du die Sichtweisen des Stoizismus nutzen möchtest, um dein Leben in die Balance zu bringen. Ich schildere dir dieses Beispiel, um dir zu zeigen, wie gleichgültig Marc Aurel Dinge wie persönliche Bequemlichkeit waren. Ihm war es deutlich wichtiger, seine persönlichen Ziele zu erreichen – und diese waren eine gute Regierung und das Wohl aller. Dazu zählte beispielsweise, Frauen und Sklaven in seinem Einflussbereich mehr Rechte zu geben. Etwas, das seiner stoischen Menschensicht entsprang, damals aber vollkommen dem gesellschaftlichen „Trend" entgegenstand.

Ein anderer bedeutender Stoiker, Epiktet (50-138 n. Chr.), der sich viel mit persönlicher Freiheit und moralischer Autonomie befasste, war eigentlich Sklave, wurde aber später freigelassen. Obwohl er schließlich ein gefragter Philosoph und Lehrer war, zog Epiktet es vor, auf Luxus zu verzichten. Angeblich soll sein Haus so ärmlich ausgestattet gewesen sein, dass an der Eingangstür nicht einmal ein Riegel angebracht werden musste: Es war nichts zu holen. Epiktet waren schlicht und ergreifend andere Dinge wichtig, er musste sich nicht mit Luxus umgeben, um andere Menschen zu beeindrucken. Nicht sein Thema.

Mit diesen Beispielen will ich dir eigentlich nur eins verdeutlichen: Beide Männer waren frei und zufrieden, obwohl ihre Leben so gegensätzlich waren.

Heutzutage nutzen wir eigentlich nur noch den Ausdruck „stoisch" – und der wird meist falsch interpretiert. So wird heutzutage jemandem, der etwas stoisch hinnimmt, gerne nachgesagt, er sei gefühllos, passiv und warte einfach nur ab. Es geht jedoch vielmehr darum, unseren täglichen

Schwierigkeiten mit GELASSENHEIT zu begegnen. Stoiker sind keine Zombies; sie wollen lernen, wie sie anders mit ihren Gedanken und Gefühlen umgehen. Und dafür haben sie zahlreiche Übungen entwickelt, die dabei helfen, die eigenen Gedanken und damit den inneren Kritiker sowie den „Schweinehund" in den Griff zu bekommen. Und – unter uns gesagt – es klappt auf diese Weise wirklich, zu mehr Glück, Zufriedenheit und Gelassenheit im Alltag zu gelangen.

Die Zahlen sprechen für sich: Im Oktober 2012 entstand in Großbritannien auf Initiative der Universität Exeter eine ganz besondere Arbeitsgruppe. Deren Gründer sind sieben Akademiker und Physiotherapeuten, die die alte Lebensphilosophie intensiv studieren und auf Alltagstauglichkeit prüfen. Im Jahr 2013 wurden 2.400 „Sympathisanten" befragt und das Ergebnis ist verblüffend. Innerhalb von gerade einmal sieben Tagen, hatten 56% den Eindruck, gelassener und besser geworden zu sein. 14% fühlten sich zufriedener, 9% bemerkten bei sich eine freudigere beziehungsweise optimistischere Grundstimmung und 11% stellten fest, dass ihre negativen Gefühle deutlich nachgelassen hatten. Wichtige Veränderungen, die binnen weniger Tage auftraten. Wer dran bleibt, darf sich also auf positive Entwicklungen freuen.

Die Kurzgeschichte des Stoizismus:

Gegründet wurde die philosophische Lehre der Stoa um 300 vor Christus von Zenon von Kition im antiken Griechenland. Funfact: Diese geistige Bewegung wurde nach dem Ort benannt, an dem man sich darüber austauschte. Die Stoa ist eine Wandelhalle am Marktplatz Athens, in der auch Läden angesiedelt waren und in deren Schatten es sich einfach wunderbar über alles und jedes diskutieren ließ. In der Antike gab es zahlreiche philosophische Richtungen, doch bei keiner stand die praktische Anwendung so sehr im Fokus wie bei den Stoikern. Anstatt darüber zu meditieren, was einen guten Menschen auszeichnet, machten die Anhänger der Stoa direkt Nägel mit Köpfen und ließen Taten sprechen. Ihre Ideen liefern auch heute noch ein wunderbares Mindset sowie optimale Methoden, um ein besserer Mensch zu werden, der mit sich selbst und seiner Umwelt im Einklang lebt. Zufrieden und gelassen. Aber wie kann das funktionieren, wo wir doch alle – damals wie auch jetzt – so vielen äußeren Umständen unterliegen? Wir müssen uns ständig mit Hindernissen und Problemen auseinandersetzen, die es schwierig bis unmöglich machen, unsere Ziele zu erreichen. Sei dies nun die Ehrenurkunde bei den Bundesjugendspielen oder die Weltreise, von der jemand jahrelang nur träumen kann. Die Antwort ist überraschend simpel: Wir müssen uns auf die Dinge konzentrieren, die wir beeinflussen können – und nicht auf die, über die wir keine Macht haben. Insofern ist Stoizismus auch eine Reduktion der Komplexität deines Lebens. Gelingt uns das, so steigern wir nachhaltig unsere ureigene Widerstandskraft gegen negative Erlebnisse, werden zufriedener und zugleich auch noch mutiger. Aus diesem Grund sind in der Psychotherapie Elemente der stoischen Lehre zu finden. Insbesondere die kognitive Verhaltenstherapie ist davon beeinflusst; hierbei geht es vor allem um die Neubewertung von Gedanken, die im Alltag psychisch sehr belastend sind. Und by the way: Die kognitive Verhaltenstherapie ist die Therapieform mit den besten Ergebnissen und der kürzesten Behandlungszeit.

Aber was ist genau mit Macht über Gedanken gemeint? Ein Beispiel:

Stell dir einmal vor, dein Partner oder deine Partnerin ist gerade so richtig mies drauf und zickt dich an. Soweit die Fakten, das liegt nicht in deiner Macht. Du hast es nun aber in der Hand, frei zu entscheiden, ob und wie du auf diese schlechte Laune reagierst. Du kannst …

a) … es einfach ignorieren (und hast eine 50:50 Chance, trotzdem noch einen netten Abend zu haben).

b) … selbst zurückzicken und wütend auf sie oder ihn sein, weil dich der Angriff ärgert. Es entsteht eine heftige Diskussion, bei der die Fetzen fliegen. Am Ende schmollt ihr beide.

c) ... feststellen, dass dein Gegenüber anscheinend keinen guten Tag hatte – und demjenigen mit Verständnis und Rücksichtnahme begegnen. Wenige Sekunden später glätten sich die Wogen und der ganze Frust ist vergessen.

Für einen Stoiker ist klar: Alles, was aus einem selbst kommt, kannst du beherrschen. Und was kommt aus dir selbst? Genau, deine Gedanken. Also deine Sicht auf die Welt da draußen, deine Wünsche, Sehnsüchte, Emotionen, das, was du vermeidest oder tust.

Also könnte man den Stoizismus auch beschreiben als eine Art geistiges Training, bei dem Ruhe und Gelassenheit entscheidende Ergebnisse sind. Deshalb hat auch das momentan so sehr aktuelle Achtsamkeitstraining seinen Ursprung im Stoizismus. All diese Elemente sind auf ein übergeordnetes Ziel gerichtet: deine persönliche Freiheit.

Neben dieser inneren Freiheit, die auch tugendhaftes Handeln (also Handeln zum Wohl der Allgemeinheit) beinhaltet, ist es für einen Stoiker von elementarer Bedeutung, ein andauernd glückliches und zufriedenes Leben zu führen. Ein Leben, das nicht von aggressiven Gefühlen oder Frust gekennzeichnet ist und bei dem nicht an materiellen Dingen geklebt wird. Denn dieses würde schließlich die Gelassenheit und die Freiheit zerstören. Zumal Materielles nicht die echten Probleme im Leben löst und auch nicht entscheidend ist für dein Lebensglück.

Nicht umsonst sind häufig Menschen, die über großen Reichtum verfügen, eher unglücklich. Vielleicht ist dir auch schon aufgefallen, dass gerade Promis sehr häufig unter Depressionen, Selbstzweifeln und Ängsten leiden und diese vielfach mit Drogen oder Alkohol zu bekämpfen versuchen. Von Robbie Williams bis zu Robin Williams sind alle dabei.

Natürlich kannst du Gefühle nicht einfach ausknipsen, aber mit etwas Übung hast du die Chance, sie zu erkennen und zu handhaben. Und dann gelingt es dir, statt emotional gesteuert zu sein, rational zu handeln. Also anstatt instinktiv zu denken: „Die reden garantiert über mich!", wenn zwei Bekannte zusammenstehen, tuscheln und plötzlich verstummen, wenn sie dich bemerken, gehst du logisch und sachlich (= möglichst unemotional) an die Sache heran und ersparst dir somit jede Menge innere Aufruhr, das Gefühl verletzt zu sein sowie Wut.

> ***„Sehr wenig ist nötig für ein glückliches Leben; es ist alles in deiner Art zu denken."***
>
> ***- Marcus Aurelius***

Auch für den österreichischen Neurologen und Psychiater Viktor Frankl (1905-1997) war dieses rationale Betrachten und Bewerten seiner eigenen Gedanken letztlich die Lösung aus dem Dilemma von Frust und Angst. Die Wahl, die wir dann in Bezug auf unsere Gedanken und Handlungen treffen können, ist der Knackpunkt, wenn du künftig ein zufriedenes, heiteres, sinnvolles und glückliches Leben führen willst. Für Frankl stand nämlich ebenfalls fest:

„Wir haben zwischen Reiz und Reaktion immer einen Spalt zu wählen."

Der Weg dorthin führt über sieben elementare Schritte:

1. Liebe dein Schicksal (*Amor fati*)

Wer jammert, weil es gerade nicht so gut läuft, wird häufig aufgefordert, die Umstände zu akzeptieren – und bekommt so implizit gesagt, dass man doch eigentlich gar keinen Grund zu jammern habe („Halt die Klappe und mach einfach!“). Stoiker gehen die Sache anders an: Sie sehen ihr Schicksal als positive Herausforderung, an der sie wachsen können. Und je schwieriger die Umstände zu sein scheinen, desto stärker kommen deine ureigenen Eigenschaften und Facetten heraus, deine eigentliche Persönlichkeit. Somit ist die Idee, das eigene Schicksal zu lieben, auch die sinnvollste Art damit umzugehen – du kannst es schließlich ja auch nicht einfach umtauschen.

2. Behalte die Kontrolle

Kontrolliere deine Gedanken; sie sind das Einzige, das du wirklich kontrollieren kannst. Sicherlich brauchst du dazu ein wenig Übung und musst lernen, eine gewisse innere Distanz zu ihnen zu gewinnen, doch es ist möglich. Übernimm Verantwortung für dein Fühlen und deine Reaktionen auf Dinge. Ziehe keine voreiligen Schlüsse oder lass deine Emotionen nicht die Oberhand gewinnen und dein Denken und Handeln bestimmen. Ob etwas gut oder schlecht ist, ist stets eine Frage der Perspektive. Betrachte die Dinge insofern stets aus unterschiedlichen Blickwinkeln.

Alles andere solltest du als gegeben akzeptieren.

3. Bedenke, dass du sterblich bist (*Memento mori*)

Mache dir bewusst, dass du nicht unendlich viel Zeit hast. Vor diesem Hintergrund: Was möchtest du in deinem Leben tun? Wie möchtest du als Person sein? Wie willst du mit anderen Menschen umgehen und wie auf sie wirken?

Rege dich nicht über Kleinigkeiten auf, sondern tu Dinge, die dir wichtig sind und die Bedeutung haben. Lasse dich nicht von Unwichtigem ermüden, sondern hole das Beste aus dir und deinem Leben heraus.

4. Apathie

Es geht nicht um völlige Teilnahmslosigkeit, sondern – dem eigentlichen Wortsinn nach – vielmehr darum, sich emotional nicht immer in Extremen zu bewegen (a pathein = Abwesenheit von Leiden). Sei also nicht zu temperamentvoll oder überschwänglich. Die Betonung liegt hier allerdings auf dem „nicht zu sehr"! Es ist natürlich gut, ein temperamentvoller Mensch zu sein, wenn du so gestrickt bist. Es geht nicht darum, dass gewisse Charaktereigenschaft gut oder schlecht wären. Ich will sie auch gar nicht kritisieren! Vielmehr ist damit gemeint, dass ein „zu viel" in sich die Option von Problemen birgt. Ein Beispiel: Wer gar nicht liebt, dem ist alles egal (einschließlich seiner selbst), wer zu viel liebt, wird womöglich zum Stalker oder tötet jemanden aus Eifersucht. Ein gesunder Umgang mit Emotionen (die du natürlich haben darfst und sollst, das kann ich gar nicht genug betonen!) liegt zwischen den Polen. Werde emotional stabil, finde deine innere Mitte. Diese geistige Ausgeglichenheit wird auch als Ataraxie bezeichnet.

Falls du wütend wirst, zähle bis drei und überlege währenddessen, ob es nicht besser ist, hierzu keine Meinung zu haben und die Dinge hinter sich zu lassen.

Für Film-Fans: Wer hat‘s erkannt? Das ist einer der Grundgedanken der Jedi-Ritter-Philosophie aus den Star-Wars-Filmen. Falls du diese gesehen hast, erinnerst du dich sicherlich noch an den weisen Jedi-Meister Yoda (der kleine grüne Gnom mit den langen Ohren, der die Satzstellung verwirrte). Ein Satz von ihm lautet: „Fear is the path to the dark side … fear leads to anger … anger leads to hate … hate leads to suffering.“ — (The Phantom Menace, 1999) – auf Deutsch in etwa: „Furcht ist der Pfad zur dunklen Seite … Furcht führt zum Zorn … Zorn führt zum Hass … Hass führt zu Leid.“ Das bedeutet nichts anderes, als dass starke Emotionen problematisch werden können. Daher gehört es auch zum Kodex der Jedi-Ritter, keine Liebesbeziehungen zu haben. Der anfangs niedliche Bengel namens Anakin Skywalker ignoriert beides und wird schließlich zum bösen Darth Vader. Star Wars ist eben auch vor allem eine Art Märchen.

5. Sei mutig und unerschrocken

Handle im Alltag vernünftig und gemäß deinen Überzeugungen. Fürchte dich nicht, zu deiner Meinung zu stehen, aber prüfe auch alternative Sichtweisen.

6. Gerechtigkeit

Handle stets so, wie du auch von anderen behandelt werden möchtest. Füge niemandem ein Unrecht zu, selbst wenn man dich wirklich unfair behandeln hat.

7. Aktion

Das Gemeinwohl ist von entscheidender Bedeutung, damit es ALLEN Menschen gut geht. Setze dich dafür ein. Gegen unsere Mitmenschen zu handeln, wäre nach stoischer Auffassung nicht naturgemäß.

> ***„Mache das Beste aus dem, was in deiner Macht steht, und nimm den Rest so, wie er natürlich geschieht."***
>
> ***- Epiktet***

Wir können und müssen stets bei uns selbst anfangen, wenn wir uns besser fühlen wollen. Ganz nach dem altbekannten Motto: „Ich kann die anderen nicht ändern, ich kann nur mich selbst ändern." Deshalb geht es hier in diesem Buch um deinen Kopf, um dein Glück, dein Leben und deine Gesundheit.

Du hast sicherlich schon bemerkt, dieses Thema liegt mir wirklich sehr am Herzen. Immer wieder treffe ich mit Menschen zusammen, die zu dem fatalen Schluss kommen, es müsse an ihnen liegen, dass sie mit dem Stress nicht klarkommen, an Ängsten leiden oder erfolglos und unglücklich sind. Mit ihnen sei etwas verkehrt, sie müssten eben viel egoistischer werden. Oder sich einfach mehr anstrengen und besser werden, stromlinienförmiger …

Meine Meinung: Veränderung ja – aber bitte nicht so! Erhalte deine Individualität und ändere stattdessen, wie du mit Impulsen von außen umgehst. Mit dir ist nichts verkehrt, du darfst lediglich lernen, das zu kontrollieren, was in deiner Macht liegt: deine Gedanken. Und anstatt ebenfalls ins Krokodilbecken zu springen und nach den größten Happen zu schnappen: Wie wäre es denn, wenn du die Welt täglich ein bisschen besser machst? Dazu benötigt es nur einen anderen Umgang mit negativen Einflüssen. Als angenehmen Nebeneffekt wird es dir nachhaltig gut gehen. Du erhältst die Chance, mit jeder Menge Leichtigkeit und Freiheit durchs Leben zu gehen und deine Lebensqualität auf ein ganz neues Level zu heben.

Wie das geht, erfährst du nun endlich Schritt für Schritt. ☺

P.S.: Vermutlich wirst du auch schnell feststellen, dass ich natürlich nicht so ganz der knallharte Hardcore-Stoiker bin. Einige Dinge haben sich nun doch über die Jahrtausende ein wenig verändert – und das sollten wir nicht aus den Augen verlieren. Von daher: Seelenruhe ja, herzlich gerne, aber bitte mit Bezug zum 21. Jahrhundert! Daher wirst du immer wieder feststellen, dass ich altes Wissen mit modernen psychologischen Grundsätzen und Elementen des Mentaltrainings kombiniere. Warum? Macht nicht nur Sinn, sondern auch gleich viel mehr Spaß. Also Stoizismus 2.0.

KAPITEL 3:

Unsere Gedanken bestimmen unsere Realität

> *Meine Meinung steht fest! Bitte verwirren Sie mich nicht mit Tatsachen!*

Möglicherweise kennst du die folgende Situation auch noch aus der Schulzeit: Elternsprechtage waren für uns Kinder immer eine echte Qual. Mal ganz davon abgesehen, dass wir in meiner Schule auch das „Empfangspersonal“ für die jeweiligen Lehrer spielen mussten und den ganzen Freitag und den Samstag bis zum Abend Dienst hatten; diese Gelegenheiten waren schon damals so etwas wie eine Zerreißprobe. Das Verhältnis von Schülern und Lehrern ist etwas Spezielles. Um es mal dramatisch zu formulieren: Manche Lehrer zeigen vor der Klasse – also hinter verschlossenen Türen und ohne andere Erwachsene – eine etwas andere Seite ihrer Persönlichkeit. Und zwar nicht unbedingt die sonnige und besonders zuvorkommende. Ich hatte beispielsweise einen Mathelehrer, mit dem ich überhaupt nicht zurechtkam. Er lag mir weder menschlich noch in Bezug auf seinen Unterrichtsstil, denn der Herr kam recht frisch von der Uni und war der Ansicht, einer neunten Klasse müsse man nicht immer die Lösungswege „vorbeten", die könnten sich die Kids auch selbst erschließen. Für die Gruppe der begeisterten Zahlenjongleure in unserer Klasse vermutlich ein Traum, so eine Art Mathe-Sudoku, bei dem sie glänzen konnten. Unglücklicherweise habe ich persönlich zu Zahlen schon immer eher eine Art gespaltenes Verhältnis gehabt. Da ich durchaus den ein oder anderen Tipp zum mathematischen Lösungsweg benötigte, entglitt die Situation bei mir komplett. Von einer soliden 3+ ging es im Sturzflug runter auf die 5. Knapp vorbei ist eben auch daneben. Also ging ich irgendwann in die innere Kündigung und bemalte lieber das Matheheft mit exquisiten Zeichnungen. Besonders meine Cartoon-Figuren wurden stetig besser –leider nicht meine Mathe-Leistungen. Ich mochte den Mann nicht und damit basta.

Und dann zementierte ich fortwährend meinen eigenen Mythos, ein Mathe-Dummie zu sein. Zwei Jahre lang.

Zwischendrin beschwerte ich mich bei meinen Eltern über den Mathe-Lehrer, doch da hieß es lediglich: „Ach, was du bloß immer hast! Das bildest du dir doch alles ein!“ Bis zu dem einen Elternsprechtag. Obwohl ich absolut alles gegeben hatte, um meinen Vater von dieser Schnapsidee abzubringen, wollte der unbedingt den Mathe-Lehrer kennenlernen. Während des Termins wartete ich mit klopfendem Herzen, schweißnasser Stirn und Atemnot vor der Tür. Mir war schon klar, was wieder einmal kommen würde: „Ich weiß gar nicht, was du hast, der Mann ist doch völlig in Ordnung und echt nett.“ Danke fürs Gespräch! Als ob ich mich nicht so schon dumm genug gefühlt hätte. Irgendwann sprang die Tür des Klassenraums unvermittelt auf und mein Vater rauschte raus. Beim energischen Hinausgehen warf er mir nur ein knappes „Komm!“ zu, dann fegte er den Gang entlang in Richtung Ausgang – ich hinterher. Vor dem Schultor stoppte er endlich, atmete einmal tief durch und wandte sich dann zu mir um. Ganz ruhig und sehr ernsthaft erklärte mir mein Vater dann: „Du hast recht, dieser Mann ist ein Drecksack.“

Mein Triumph währte aber nicht lange, denn nachdem ich die zehnte Klasse und damit den Matheunterricht bei diesem Mann hinter mich gebracht hatte, erwartete mich in der Elften eine Überraschung. Es wurde das damals noch ziemlich neue Fach Informatik angeboten. Da ich Computer unglaublich spannend fand und der Ansicht war, so ein Programmierkurs wäre vielleicht ein guter Ausgleich zu meinen miesen Mathenoten, belegte ich Informatik. Ich hatte nur einen winzig kleinen Fehler in meiner Rechnung: Mir war nicht klar, wer der Lehrer sein würde. Aber, so redete ich mir selbst gut zu, das sollte kein Problem werden, gibt ja genug Auswahl. Entsprechend groß war mein Entsetzen, als wir vor der ersten Informatikstunde vor dem verschlossenen Raum warteten und besagter Mathelehrer auftauchte. Ausgerechnet er unterrichtete auch Informatik!

Nachdem ich den ersten Schock überwunden hatte, wurde ich mit der eigentlichen Überraschung konfrontiert: So schrecklich, wie ich den Mann im Matheunterricht gefunden hatte, war er gar nicht … Ich weiß nicht, ob es daran lag, dass mir Informatik mehr lag und ich insofern motivierter war, oder ob ich hier noch einmal eine andere Perspektive bekam. Jedenfalls geschah das Unmögliche: Ich fand den Lehrer zusehends angenehmer. Diese Entwicklung gipfelte darin, dass ich ihn irgendwann sogar einmal meinem Vater gegenüber in Schutz nahm – was mir eine Menge merkwürdiger Blicke einbrachte.

Dies war in jedem Fall eine sehr wichtige Lektion in meinem Leben. Ich hatte zu spüren bekommen, dass es entscheidend ist, vor welchem Hintergrund wir Dinge sehen. Während meiner Frustzeit im Matheunterricht war der Lehrer für mich das absolute Grauen, ihn zu sehen oder an ihn zu denken reizte mich bis aufs Blut. Doch im Informatik-Kurs kamen wir beide bestens zurecht. Ich mochte seine Art des Unterrichts, ich lachte sogar über seine Anekdoten. Dabei handelte es sich um denselben Mann. Die Realität hatte sich insofern nicht verändert, wohl aber, wie ich über ihn gedacht habe.

Es gibt viele weitere Beispiele für dieses faszinierende Phänomen: So schmeckt ein Bardolino-Wein an einem warmen Augustabend am Gardasee einfach ganz besonders, vor allem, wenn im Hintergrund die Grillen zirpen und schwerer Blütenduft in der Luft hängt. Derselbe Wein an einem Winterabend auf dem Sofa im kalten Deutschland macht in der Regel deutlich weniger Spaß. Es sei denn, es gelingt dir, die Gedanken an den wunderbaren Abend am Gardasee heraufzubeschwören. Ein Film, den wir im Kino sehen, wird nur dann zu einem unvergleichlichen Erlebnis, wenn unsere Stimmung dazu passt. Sind wir schlecht gelaunt oder wälzen sorgenvolle Gedanken, wird uns selbst der großartigste Film nicht mitreißen.

Wir alle neigen dazu, uns von Stimmungen mitreißen zu lassen. Man könnte auch sagen, wir trudeln ein bisschen wie ein Blatt im Herbstwind durch unser Leben, wenn wir unseren Emotionen das Ruder überlassen. Die Folge davon: Wir sind himmelhochjauchzend und kurz danach zu Tode betrübt. So schwanken wir permanent zwischen den Extremen. Eine Achterbahnfahrt der Gefühle, die aufreibend ist.

Viel besser und deutlich entspannter ist es, wenn wir uns stattdessen immer wieder bewusst machen, dass die Realität ist, wie sie ist. Das eigentliche Problem sind unsere Gedanken über diese Tatsachen. Ein Mensch ist ein Individuum mit guten und schlechten Seiten, völlig egal, ob er nun Mathe oder Informatik unterrichtet. Eine Mücke ist erst einmal ein Insekt. Eine Aufgabe bei der Arbeit ist erst einmal nur eine Aufgabe. Ob wir sie als Belastung oder Chance sehen, wird von unseren Gedanken darüber bestimmt.

Unsere Gedanken sind das Ergebnis der Erfahrungen, die wir in unserem Leben – oder vielmehr in der Kindheit und Jugend – gemacht haben. Sie sind der Filter, durch den wir die Dinge um uns herum wahrnehmen und bewerten. Sie sind ebenfalls die Schablone, vor der wir dann auf die Dinge reagieren. Solange wir uns dies nicht bewusst machen, haben sie eine unvorstellbare Macht über uns. Wer glaubt, er sein weniger wert als andere Menschen, wird auch so auftreten und entsprechend wahrgenommen. Wer der Ansicht ist, dass er ein Opfer ist, wird dies ausstrahlen und andere werden mit demjenigen genauso umgehen. Wer sich selbst nicht mag oder davon überzeugt ist, dass ihn andere nicht mögen, stößt auf Ablehnung. Und selbst wenn du eine bahnbrechende, grandiose Idee haben solltest, die das Schicksal der Menschheit komplett verändern würde: Wenn du nicht an deine Idee glaubst, wird sie in einer Schublade vermodern.

Hierbei handelt es sich um das sogenannte Resonanzphänomen, besser bekannt als das Gesetz der Anziehung. Alternativ ist häufig die Rede von einer sich selbst erfüllenden Prophezeiung. Du strahlst das aus, was du denkst – und das wirst du dann ebenfalls anziehen.

Vor dem Hintergrund, dass Gedanken eigentlich nichts anders sind als elektrische Impulse in unserem Gehirn, haben sie eine enorme Macht über uns und unser Leben. Sie steuern einerseits, wie wir uns fühlen, und andererseits, wie wir Dinge bewerten. Die Bewertung geschieht dabei stets vor dem Hintergrund unserer Erfahrungen. Haben wir mit etwas bislang positive Erfahrungen gemacht, werden wir positiv darauf reagieren – und andersherum. Nur dass man durch ständiges negatives Denken sein Gehirn regelrecht dazu erzieht, unglücklich zu sein. Jeder neue Input wird künftig entsprechend interpretiert.

„Aha!“, dachten sich irgendwann ein paar Leute. „Warum denken wir dann nicht einfach ständig positiv? Dann muss doch eigentlich alles immer besser werden.“ Das war der Moment, als die Frage nach dem halb vollen bzw.

halb leeren Glas geboren wurde. Das typische Beispiel, um Optimisten oder Pessimisten scheinbar zu entlarven.

Konsequenterweise versuchen die „Gutdenker“ dann, alles durch eine rosarote Brille zu sehen. Man muss bei allem die positive, gute Seite sehen, so ihre Meinung. Doch was ist das Gute an einem Vulkanausbruch, der unzähligen Menschen die Existenz nimmt? Spätestens hier kommen die überzeugten Optimisten in Erklärungsnot, denn es ist eben nicht immer alles „irgendwie auch positiv“. Inzwischen ist belegt, dass die permanent optimistische Sichtweise auch belastend sein kann. Wer beispielsweise schwer an Krebs erkrankt, wird irgendwann beginnen, sich selbst die Schuld zu geben, permanent zu versagen. Die Idee dahinter ist, dass man ja nur positiv genug denken können muss, um den Krebs zu besiegen. Wenn er sich jedoch verschlimmert, ist das ein persönlicher Fehler. Derjenige ist also unfähig, ein Versager … Und schon haben wir eine Abwärtsspirale initiiert, die jemand mit einer so ungünstigen Prognose nicht braucht.

Fakt ist: Dieser Pseudo-Positivismus birgt eine ernste Gefahr für deine Psyche. Aber wie kontrollieren wir denn unsere Gedanken?

Wenn die rosarote Brille zur Sackgasse wird

> ***Ich so: Och bitte!***
> ***Mein Leben so:***
> ***Nö!***

Vielleicht kennst du das ja:

Du hast dir vorgenommen, dich selbstständig zu machen, vielleicht erstmal nur neben der Anstellung. Du hast irgendwo gelesen, dass du nur positiv denken und dein Mindset auf Empfang ausrichten musst. Du sollst vertrauen. Alles klar, kein Problem. Das scheint ja simpel zu sein. Vertrauen kannst du; du hast ja auch noch ein Sicherheitsnetz, da du die Selbstständigkeit nebenberuflich machst. Positiv eingestimmt bist du ebenfalls; was soll schon schief gehen, andere können das ja auch und verdienen viel Geld. Und auf Empfang ausgerichtet bist du auch; ich meine, wer ist das nicht?

Und los gehts: Du investierst, arbeitest wochenlang, machst Werbung, kniest dich richtig rein – aber irgendwie kommst du nicht voran. Deine Freunde sagen dir irgendwann: „Lass es!“ Deine Eltern hielten das mit deiner Selbstständigkeit ja schon von Anfang an für ein Hirngespinst. Und egal, was du tust, es kommt einfach nicht genug Geld rein.

Du versuchst dennoch, positiv zu bleiben. Sicherlich ist es einfach eine Durststrecke, noch härter arbeiten ist angesagt. Aber mit schwindenden Geldmitteln wird es immer schwerer. Dennoch hältst du an deinem Weg fest, nur nicht aufgeben, nicht so kurz vor dem Durchbruch. Stress macht sich breit, dein ganzes Privatleben liegt brach; so hattest du dir das nicht vorgestellt.

Am Ende ist dein komplettes Geld verbrannt und du gibst auf. Dir bleibt lediglich jede Menge Frust und du verstehst nicht, wieso es nicht funktioniert hat. Dabei hast du dich genau an die Empfehlungen zum positiven Mindset gehalten und das soll doch angeblich den Erfolg anziehen. Danke für nichts! Und munter dreht sich die Abwärtsspirale ...

Das Problem am positiven Denken kann darin liegen, dass du dir keinen Raum zur Rekalibrierung lässt. Erfolgreiche Leute denken zwar grundsätzlich positiv, aber sie beobachten auch genau, was um sie herum geschieht und wie sich Dinge entwickeln. Sie haben einen realistischen Blick, der es ihnen ermöglicht, Probleme zu erkennen und bei Bedarf Kurskorrekturen vorzunehmen, sodass sie rechtzeitig das Ruder herumwerfen können.

Ein realistischer Blick hilft dir, deine Problemlösungsstrategien zu verfeinern. Positiv denken ist durchaus hilfreich. Es darf aber nicht dein rationales Denken und den neutralen Blick auf Tatsachen ersetzen. Mache dir vielmehr immer wieder aufs Neue klar, dass wir weder Ereignisse noch Dinge oder andere Menschen kontrollieren können. Das liegt nicht in unserer Macht. Ein Vulkanausbruch passiert, ohne dass wir etwas dagegen oder dafür tun könnten. Ein anderer Mensch denkt und handelt so, wie er es für richtig hält. Die wahren Beweggründe können wir nicht nachvollziehen. Du hast nur die Kontrolle über deine Reaktion auf die Ereignisse oder Eindrücke. Mit der Reaktion sind die Emotionen gemeint, die die Ereignisse oder Eindrücke bei dir auslösen. Denn geraten etwa Emotionen wie Wut oder Hass außer Kontrolle, kann dies schwerwiegende Folgen haben. Rache beispielsweise ist nie eine gute Idee.

Behalte also nach Möglichkeit immer eine realistische Sicht – oder vielmehr eine möglichst unemotionale – auf die äußeren Ereignisse bei. Du musst dazu nicht gleich deine kompletten Emotionen unterdrücken, sondern vielmehr kurz innehalten und checken, was objektiv gerade vorgeht. Oftmals ist es unsere Bewertung der Dinge und Handlungen, die uns traurig oder wütend macht oder sonstwie triggert. Es sind aber nicht die Dinge und Handlungen selbst. Lerne, dies möglichst zu unterscheiden. Jemand versucht, dich zu beleidigen? Das kannst du beim besten Willen nicht ungeschehen machen. Überlege kurz, ob es sich wirklich um eine Beleidigung handelt oder ob du dies nur so bewertest. Du hast es in der Hand zu entscheiden, wie du darauf reagierst, ob du es an dich herankommen und dich verletzen lässt.

> ***„Denke daran, dass nicht der dich beleidigt oder schlägt, der dich beleidigt, sondern deine Meinung fasst es als Beleidigung auf. Wenn dich dann ein Mann irritiert, musst du wissen, dass es deine eigene Meinung ist, die dich irritiert hat.“***
>
> ***- Epiktet***

Häufig sind es unsere impulsartigen, ersten Gedanken, die eine regelrechte Kette an Gedanken auslösen. Sie verselbstständigen sich. Am Ende brodelt es in uns, aber es hat lange schon nichts mehr mit dem eigentlichen Auslöser zu tun. In diesem Moment tauchen all unsere Erfahrungen, die wir als Kind oder Jugendlicher mit dem Thema gemacht haben, wieder auf und schlagen wie ein gigantischer emotionaler Tsunami über uns zusammen. Hängt das noch mit dem konkreten Auslöser, vielleicht einer Spitze oder eine Beleidigung zusammen? Schon lange nicht mehr, du hast dich einfach von einer außer Kontrolle geratenen Emotion fortreißen lassen.

Dabei möchte ich ausdrücklich betonen, dass Emotionen überhaupt nichts Schlechtes sind! Was wäre ein Leben ohne Freude oder Trauer, ohne Wut oder Angst? Sie gehören einfach zum Menschsein dazu – wie auch körperliche Reaktionen. Wenn kaltes Wasser deine Haut trifft, zuckst du zusammen und bekommst eine Gänsehaut. Wenn dein Partner krank wird, bist du ängstlich. Lass nur nicht zu, dass diese „Leidenschaften“ dich mit sich fortreißen. Das wäre das Aus für deinen Seelenfrieden und aus Federn im Kopf wird Blei.

„Gehe nicht über das hinaus, was deine ersten Eindrücke berichten. (...) Ich sehe, dass mein kleiner Junge krank ist. Das sehe ich; ich sehe nicht, dass er in Gefahr ist. Bleibe also immer bei deinen ersten Eindrücken und füge keine Schlussfolgerungen aus deinen eigenen Gedanken hinzu."

- Marc Aurel

Trainiere den unemotionalen Blick

Das Problem will ich nicht, zeig mir das nächste!

Du hast viele Möglichkeiten in deinem täglichen Leben, diesen unemotionalen, realistischen Blick auf Begebenheiten oder Menschen zu trainieren. Vielleicht sind es sogar mehr, als du anfangs glaubst. Ständig werden wir mit Situationen konfrontiert, in denen wir intuitiv reagieren – und deshalb so richtig danebenliegen. Und uns zudem schrecklich aufregen. Im Job, im Studium, in der Familie, an der Kasse im Supermarkt. Von nun an ist all dies dein Trainingsplatz, viel Spaß!

In allen Situationen lautet die Grundregel:

> ***„Übe dich, deine Fassung zu bewahren, nimm dich zusammen! Zorn, wenn er warten muss, hört auf."***
>
> ***- Seneca***

Trainiere dies jeden Tag. Versuche, immer gelassener zu werden und dich auf das Wesentliche zu fokussieren. Wenn es dir hilft, die Ruhe zu bewahren, kannst du zum Beispiel in Gedanken bis zehn zählen und erst dann reagieren. Achte darauf, dass dein Verstand sich wieder einschaltet.

Hat dich ein Mensch verletzt oder dich verärgert, ist es ebenfalls nicht gut für dich, deinen Gefühlen freien Lauf zu lassen. Am Ende schadest du damit lediglich dir selbst. Schalte auch hier besser deinen Verstand ein und überlege, wieso es zu dieser Situation gekommen sein könnte:

„Kann dieser Mensch vielleicht gar nicht anders? Bedenke, dass auch du nicht unfehlbar bist, und so, wie er dich ärgert, auch du andere Menschen verärgert hast. Das Leben ist kurz, und wenn du dich noch länger ärgerst, hast du deine Zeit vergeudet.“

- Marc Aurel

Um von nun an stets den nötigen inneren Abstand zu gewinnen und dich nicht zu sehr aus der Gelassenheit schubsen zu lassen, helfen dir auch die folgenden Übungen.

Übung: Visualisieren

Visualisieren ist der Fachbegriff dafür, etwas vor dem inneren Auge erscheinen zu lassen. Wenn du an einen Apfel denkst, wird automatisch das Bild des Apfels vor deinem geistigen Auge erscheinen. Das Gegenbeispiel ist die berühmte Sache mit den rosa Elefanten: „Stell dir jetzt bitte keinen rosa Elefanten vor …“ – Was siehst du direkt vor deinem inneren Auge? Genau, einen Elefanten in rosa oder knallpink. Dabei gibt es sie nicht einmal!

Eine besonders gute Visualisierungsübung, um das innere Gleichgewicht wieder ins Lot zu bringen, haben schon die alten Stoiker in der Antike genutzt: die Vogelperspektive.

Überlege dir mit dem nötigen Abstand, was in deinem Leben oder im Leben generell von Bedeutung ist – und was nicht. So relativieren sich viele Dinge schnell von selbst.

Oder du stellst dir vor, die Dinge von einer Anhöhe oder einem Hochhaus aus anzuschauen. Die Fahrzeuge sind klein wie Matchbox-Autos, die Menschen wirken wie geschäftige Ameisen. Mithilfe deiner Fantasie kannst du dich nun in andere Zeiten oder Menschen hineinversetzen. Vielleicht möchtest du aber auch eine andere Situation ausprobieren: Was siehst du und was fühlst du jetzt? Wenn du deine Gedanken dazu notierst, kannst du sie bei Bedarf sogar noch einmal nachlesen.

Visualisieren lässt sich üben, indem du Fotos zur Hand nimmst. Im ersten Schritt schaust du dir das Bild genau an, versuchst, dir alle Details zu merken. Eventuell schreibst du diese Details auch auf, dann kannst du deinen Erfolg später besser kontrollieren.

Wenn du dir das Bild eingeprägt hast, lege es zur Seite, schließe die Augen und versuche, es vor deinem geistigen Auge erneut entstehen zu lassen. Beachte auch hier die Details. Vergleiche später mit deinen Notizen, ob du in der Lage warst, alle Details auch auf dem visualisierten Bild zu erkennen.

Übung: Imaginieren

Das Imaginieren ist eng verwandt mit dem Visualisieren und dennoch ist es nicht dasselbe. Beim Imaginieren geht es darum, sich nicht nur Bilder vorzustellen, sondern ebenso Gefühle, Berührungen, Gerüche und Geräusche.

Ein Beispiel: Denk einfach mal daran, wie es war, als deine Oma früher gekocht hat und dabei mit den Töpfen klapperte ... Was erscheint in deinen Gedanken? Vermutlich ist das Bild in deinem Kopf mit zusätzlichen Informationen angereichert, denn beim Imaginieren siehst du nicht nur die Szene in der Küche deiner Oma, sondern hast auch den Geruch des Essens in der Nase, hörst das Klappern der Töpfe, fühlst Gemütlichkeit und hast vielleicht sogar den Geschmack des Essens auf der Zunge.

Die Idee hinter der Übung ist, dass das, was wir vor unseren Augen sehen (völlig egal, ob vor den realen oder den geistigen) und empfinden, sich in unserem Gehirn als real einprägt. Je detaillierter das Imaginieren ist, desto eher übernimmt sie unser Gehirn als echte Erinnerung! Auf diese Weise kannst du mit genügend Übung sogar alte Erinnerungen, die dir nicht guttun, „überschreiben". So als würdest du einen Computer neu programmieren.

Falls du dich gerade schrecklich über äußere Dinge geärgert hast, von anderen Menschen, über dein Smartphone bis hin zu deinem eigenen Körper oder dem Kontostand, ist diese Übung oftmals ausgesprochen nützlich, um einen klaren Kopf zu bekommen:

Zerlege ein Objekt in Gedanken. Betrachte es aufmerksam und überlege dir, aus welchen Einzelteilen es besteht. Wie wurde es hergestellt oder erschaffen? Welchen Zweck hat es? Wohin wird es am Ende gehen?

Überlege dir besonders bei künstlichen Dingen, was es eigentlich ist. Sage dir, zum Beispiel wenn dein Smartphone zu Bruch geht: „Es ist eine Ansammlung von Kunststoff und Mikrochips, die kaputt ist." Ärgert dich dein Kontostand, dann sagst du dir vielleicht: „Es ist nur ein Stück Papier mit ein paar Zahlen darauf, das ich in der Hand halte."

Sollte es dir dennoch schwerfallen, die Fassung zu bewahren, etwa wenn du wieder einmal bedrängt wirst oder mit einem Menschen zu tun hast, der dich sehr stresst, ist auch das kurze Zwischenschalten einer Achtsamkeitsübung unglaublich nützlich und beruhigend. Denn so konzentrierst du dich wieder auf den Moment und auf das Hier und Jetzt. Hier ein Beispiel:

Nimm dir Obst oder Gemüse, das du magst.

Betrachte das Stück Obst zunächst von allen Seiten, so, als hättest du es zuvor noch nie gesehen. Fühle dich wie ein Forscher, der eine neue, unentdeckte Pflanze am anderen Ende der Welt gefunden hat.

Wenn du das Bild im Kopf hast, fühle die Oberfläche. Versuche sie zu beschreiben.

Rieche an der Schale. Hat das Stück einen besonderen, vielleicht charakteristischen Geruch?

Als Nächstes schneide die Frucht auf. Wie hört sich das an?

Rieche an der Schnittstelle, fühle sie, betrachte sie. Nimm sie vollständig wahr. Und dann schmecke die Frucht.

Wie hört sich der Biss an? Wie fühlt es sich im Mund an? Welche verschiedenen Nuancen schmeckst du?

Für das Achtsamkeitstraining gibt es um dich herum immer unzählige gute Objekte. Lass deiner Fantasie freien Lauf und nimm die Dinge so wahr, als würdest du sie zum allerersten Mal sehen und erleben.

„Unser Leben ist das Produkt unserer Gedanken. Wenn wir erkennen und akzeptieren, dass es unser Denken ist, das über unser Wohlbefinden entscheidet, dann haben wir den ersten Schritt getan, um mehr Lebensfreude und Zufriedenheit in unser Leben zu bringen.“

- Marc Aurel

Übung: Einschätzung der Realität

Schreibe einmal alles auf, was dich momentan stört und mit dem du unzufrieden bist.

Jetzt überlege dir zu jedem einzelnen Punkt, ob dein Ärger jeweils berechtigt ist. Ergibt er auch objektiv gesehen Sinn? Notiere deine Überlegungen.

Was könntest du machen, damit du dich künftig nicht mehr darüber ärgerst?

KAPITEL 4:

Nicht mehr auf die Meinung anderer hören

Du kannst es nie allen recht machen. Selbst wenn du übers Wasser laufen kannst, kommt sicher einer und fragt, ob du zu blöd zum Schwimmen bist.

Kennst du sie noch? Die Oma am Fenster? Früher gehörte sie einfach zum Bild jedes Wohnviertels dazu: Eine ältere Frau, die es sich im geöffneten Fenster bequem gemacht hatte. Das Kissen auf der Fensterbank, auf dem sie ihre Unterarme bettete, signalisierte den Vorbeigehenden eindringlich: Sie hatte hier für längere Zeit Position bezogen. Es schien, als säße die Polizei-Oma wirklich von Sonnenaufgang bis es dunkel wurde auf ihrem Wachposten. Sie hatte alles im Griff, wusste genau, wer mit wem und wann und wo gesprochen hatte. Außerdem kommentierte sie von ihrer Loge aus alles, was draußen vor sich ging. Wirklich alles. Ein Bademeister auf dem Sprungturm ist nichts dagegen! Die Dame, die im Herbst plötzlich eine grau-bräunliche Strickjacke trug und sich über das feuchtkalte Wetter beschwerte (na ja, andere Leute machen dann einfach die Fenster zu und die Heizung an, aber das würde ja einer Pflichtverletzung gleich kommen ...), nahm ihre Aufgabe jedenfalls ausgesprochen ernst. Lediglich im Winter wurde es an kalten Tagen etwas ruhiger, wobei sie dann regelmäßig hinter der Gardine patrouillierte. Ihre lautstark geäußerten Anregungen waren dann zwar nicht zu hören, aber dennoch wurden alle anderen Menschen – einschließlich der eigenen Eltern – mit 100%-iger Sicherheit genauestens über jeden Schritt informiert. Denn ein klein wenig Schadenfreude scheint da gelegentlich auch mal mit im Spiel gewesen zu sein. Oder war das eventuell schlicht das Vorurteil von uns Jugendlichen!?

Fakt ist: Die inzwischen so oft karikierte Fenster-Oma mit dem Unterlegkissen ließ es sich nicht nehmen, dir ihre Kommentare zuzurufen – ob es gerade passte oder nicht. Und sie hatte viel anzumerken. Die Palette reichte von „Runter vom Rasen!“ über „Wie seht ihr denn schon wieder aus!“ und „Finger weg von den Blumen!“ bis hin zu: „Wenn das deine Eltern hören ...!“ Mit den erwachsenen Passanten wurde wahlweise ordentlich über nicht Anwesende getratscht, damit sie auf dem neuesten Stand waren, oder sie bekamen ebenfalls ihr Fett weg, weil sie falsch geparkt oder die Kehrwoche nicht eingehalten hatten.

Dabei war die Fenster-Oma eigentlich weniger das personifizierte schlechte Gewissen als vielmehr eine Art real gewordenes, freudsches „Über-Ich“. Sie achtete akribisch darauf, dass wir anderen alle Regeln einhielten. Welche das genau waren, war manchmal nicht ganz klar.

Hättest du hin und wieder keine große Lust gehabt, der Fenster-Oma einfach mal den Stinkefinger zu zeigen oder ihr alternativ die Zunge rauszustrecken, um dann einfach fröhlich vor dich hin pfeifend einfach weiterzugehen? Also ihre Nörgeleien lässig an dir abtropfen lassen. Genial, oder? Schon bei dem Gedanken bekomme ich gute Laune und freue mich insgeheim diebisch über das völlig konsternierte Gesicht des personifizierten „Inneren Kritikers“. Spiel, Satz und Sieg für mich!

Tatsache ist, dass wir in unserem Leben immer wieder mit Menschen konfrontiert werden, die ungefragt ihre Meinung kundtun, mit Nachdruck – und die sind in der Regel ein Garant für miese Stimmung. Während sie dem einen die gute Laune ordentlich verhageln, können solche Kommentare andere richtig treffen und sie nehmen sie sich zu Herzen. Egal wie du persönlich reagierst, deine Gelassenheit ist jedenfalls erst einmal futsch.

Doch die Sache geht bei den meisten sogar noch einen Schritt weiter: Anstatt nach einem kurzen Luftholen innerlich einfach abzuwinken und weiterzumachen, wie geplant, nehmen sich ganz viele – besonders aber sensible und rücksichtsvolle Menschen – die Anmerkungen zu Herzen und beginnen zu grübeln.

Hereinspaziert, hereinspaziert! Los geht die wilde Fahrt – und jetzt rückwärts! Das Gedankenkarussell nimmt gewaltig Fahrt auf und du zermarterst dir deinen Verstand, ob du nicht wirklich ein schlechter/nachlässiger/egoistischer/was auch immer Mensch bist. Das Ergebnis: Dir geht es schließlich seelisch sterbenselend und du wirst es künftig vielleicht vermeiden, etwas zu tun, das negative Kommentare hervorrufen könnte. Der vorauseilende Gehorsam hat dich fest in seinen Klauen.

Das Perfide daran: Wir alle wachsen schon so auf, dass uns Leute ständig „reinquatschen“ und uns ein schlechtes Gewissen machen. „Das tut man aber nicht!“ ist einer der absoluten Klassiker. Wer oder was ist hier eigentlich genau „man“? „Wenn du das machst, ist Mama traurig“, „Stell dir vor, Oma hört, dass du mich so traurig gemacht hast, dann hat sie dich nicht mehr lieb“ oder mit einem unheilschwangeren Unterton: „Pass auf, wenn dein Vater nach Hause kommt …“

Spätestens in der Pubertät geht es dann mit voller Fahrt weiter. Wir orientieren uns in dieser Phase besonders an Gleichaltrigen, schließlich wollen wir uns von unseren Eltern abnabeln. Damit tauschen wir aber vor allem eine Tyrannei gegen die andere ein. Während wir gegen die Regeln von Mama und Papa rebellieren, achten wir in unserer Clique akribisch darauf, uns bloß so gut wie möglich anzupassen. Wir finden die gleichen Filme und die gleiche Musik toll, tragen denselben Klamottenstil und finden generell das Gleiche doof oder gut. Dabei geben die Wortführer die Meinung der gesamten Gruppe vor, was durchaus mal in Mobbing umschlagen kann, wenn jemand eine abweichende Meinung äußert – sowohl innerhalb als auch außerhalb der Gruppe. Und wir lernen so oder so daraus: Es ist nicht gut, anderer Meinung zu sein. Ich habe weniger Stress, wenn ich mich nach der Meinung der anderen richte. Dann kann ich einfach mit dem Strom schwimmen. Dass ich damit meine Authentizität und meine persönlichen Träume aufgebe, um unter dem Gruppenradar zu fliegen, ist mir weder bewusst noch erscheint es mir problematisch. Hier geht das Zugehörigkeitsgefühl klar vor.

Im späteren Job geht es dann munter so weiter – nur in anderen Rollen. Aber wir haben in unserer Clique ja gut geübt, die Meinung der Wortführer anzunehmen, und fahren die gleiche Schiene am Arbeitsplatz. Wenn der Chef oder ein einflussreicher Kollege uns ein X für ein U vormachen (vielleicht weil sie wenig Ahnung haben, aber einfach in der besseren Position sind), sehe ich die Dinge wohl einfach falsch. Mein Fehler! Ich passe mich an und absolviere den Arbeitstag wie ein kleiner Zombie, nur Gehirne isst man nicht. Wobei dies vielleicht genau die richtige Option wäre, um aus diesem Dämmerschlaf aufzuwachen. Mehr Gehirn = mehr Durchblick? Wenn das bloß so einfach wäre; schließlich taucht in unserem Job-Alltag eine weitere gute, alte Bekannte von uns auf: die Fenster-Oma. Ich glaube, es gibt keinen Arbeitsplatz, an dem dieser Typ Mensch nicht präsent ist. Vielleicht ohne Kissen und Strickjacke, aber mit genau der gleichen Polizei-Attitüde wie sie schon die Dame am Fenster hatte.

Und anstatt die Dinge so zu tun und zu sehen, wie du es eigentlich möchtest und solltest, richtest du dich einfach nach der Meinung anderer. Ist schließlich bequem. Aber ist das auch wirklich die richtige Strategie für dich? Bist du damit zufrieden oder werden die Federn in deinem Kopf, wie du sie vielleicht als Kind gefühlt hast, gerade alt, grau und bröselig?

Gegenfrage: Was für ein Mensch wärst du, wenn du alles sein und machen dürftest, was du dir wünschst?

Machen wir doch einen kleinen Test:

Stell dir bitte mal vor, in der Nacht wäre eine Fee zu dir gekommen, die bewirkt hat, dass dir von nun an die Meinung der anderen völlig egal ist. Du hast aber keine Ahnung, dass die Fee an deinem Bett stand und dich von dem Ballast befreit hat. Woran würdest du am nächsten Morgen zuerst merken, dass sich etwas verändert hat?

Notiere dir deine Gedanken:

Was hat sich genau verändert?

Ein unglaublich bedeutsamer Punkt, um zufriedener mit sich selbst und seinem Leben zu werden, ist schlicht und ergreifend: nicht mehr länger die Meinung der anderen über die eigene stellen. Schon der Begriff „Meinung" sagt klar, worum es sich eigentlich handelt: um Meinungen – und nicht um Tatsachen. Und bei allem, was keine objektiven Tatsachen sind, darf dein Mittelfinger in der Jackentasche ruhig schon mal anfangen zu jucken.

Doch diese Aufforderung sagt sich leichter, als ihr zu folgen, ich weiß. Aber warum gehst du automatisch davon aus, dass deine Meinung, deine Sicht auf die Welt weniger wert ist als die der anderen? Mangelndes Selbstvertrauen, also Vertrauen in sich selbst, in die eigenen Fähigkeiten und den eigenen Wert, ist meist der Schlüssel. Tatsache ist aber ebenfalls, dass wir alle jeden Tag diverse Rollen übernehmen, und selten ist die Rolle des Selbst Teil davon oder steht gar im Mittelpunkt.

Wir sind immer Kinder von jemandem, wir sind vielleicht Mutter, Vater, Schwester oder Bruder, wir sind Verkehrsteilnehmer. Auf der Arbeit haben wir die Rolle der Sekretärin oder des Anlagenfahrers, wir sind Terminkalender, Reparaturdienst oder Auffüller der Maschinen. Manche haben die Rolle eines Teamleiters mit Verantwortung, aber ohne, dass diese Verantwortung entlohnt wird, und wieder andere bändigen ganze Kinderhorden oder reichen einem alten, schwachen

Menschen den Löffel zum Mund. William Shakespeare fasste dies in dem Stück „Wie es euch gefällt“ so zusammen:

> *„Die ganze Welt ist eine Bühne, und alle Männer und Frauen bloße Spieler; Sie treten auf und gehen wieder ab; und ein Mensch spielt in seinem Leben viele Rollen, in sieben Akten.“*

Mögen wir die Rollen, die der englische Dichter beschreibt, Kind, Schulkind, Liebhaber, Soldat, Richter und der Alte? Was und wie viel von diesen zahlreichen Rollen, in die wir teilweise nebeneinander schlüpfen, sind wir selbst? Und wieso ist Selbstbewusstsein so entscheidend, um ein gelassenes, zufriedenes Leben zu führen?

Was bedeutet Selbstbewusstsein?

Mit einem Menschen, der nur Trümpfe hat, kann man keine Karten spielen.

Was genau ist eigentlich gemeint, wenn die Rede vom Selbstbewusstsein ist? Es bedeutet nichts anderes, als sich einerseits seiner Selbst bewusst zu sein, also sich selbst zu kennen und sich zu verstehen. Zugleich heißt es auch, den Wert seiner Person, seiner Fähigkeiten und Fertigkeiten zu begreifen (eine wesentliche Voraussetzung, um sich zu erlauben, das Leben zu genießen!). Zudem gehört das Einordnen des eigenen, durch Erziehung geprägten Hintergrund dazu. Letztlich also: Ich bin mir meiner selbst und meiner Möglichkeiten bewusst.

Viele der Übungen in diesem Buch haben genau diesen Zweck: Du sollst dich selbst besser kennenlernen, dir ebenso deiner Fähigkeiten, Wünsche und Träume bewusst werden wie möglicher Einschränkungen, die wir uns meist selbst vor dem Hintergrund der Meinungen unserer Mitmenschen auferlegen.

Wenn du als Kind immer gehört hast, du könntest kein Mathe, obwohl du eigentlich gut darin warst und das Fach mochtest, nimmst du in der Regel diese Überzeugung irgendwann an und verinnerlichst sie. Ich kann nicht im Vertrieb arbeiten, ich kann nicht mit Zahlen umgehen. Das ist eine Überzeugung, die man dir durch ständige Wiederholung in der prägenden Kindheits- oder Jugendphase mitgegeben hat. Heutzutage ist durch zahlreiche Studien nachgewiesen, dass Mädchen nicht schlechter in Mathe sind als Jungs. Sie haben die gleichen Möglichkeiten, doch da ihre Umwelt hartnäckig der Überzeugung anhängt, dass Mädchen nun einmal kein Mathe können (verflixtes zweites X-Chromosom!), denken die Mädchen das irgendwann von sich selbst, verinnerlichen die Meinung und investieren nach und nach weniger Zeit und Ehrgeiz ins Lernen. Die Leistungen werden – tatsächlich – nachweislich schlechter und die sich selbst erfüllende Prophezeiung ist komplett. Und alle im Umfeld des Mädchens meinen: Haben wir es doch von Anfang an gewusst!

Was ist passiert? Das Selbstbewusstsein hat diese Prägung mitbekommen, aber sie stimmt mit dem eigentlichen Selbst nicht überein. Eigentlich liegt hier ein Defizit im Selbstbewusstsein.

Hast du andererseits während deiner Kindheit und Jugend immer in allem Bestätigung bekommen? Egal, wie schlecht du warst, haben dir deine Eltern immer beigebracht, dass andere Schuld sind: der schlechte Lehrer, die störenden Klassenkameraden, das heiße Wetter oder so? Dann schlägt es ins Gegenteil um; du wirst ein enormes, wenn nicht gar übersteigertes Selbstbewusstsein haben, die innere Überzeugung, du könntest Bäume ausreißen, wenn dich nur niemand daran hindert. Auch dies ist ein ungesundes Selbstbewusstsein. Wer sich mehr zutraut, als er wirklich leisten kann, wird früher oder später böse auf die Nase fallen. Irgendwann kommen solche Menschen an einen Punkt, an dem sie nicht mehr den anderen die Schuld geben können, sondern sich eingestehen müssen, dass die übertriebene Bestätigung ein falsches Bild des Selbst produziert hat. Das wäre ein gesundes Korrektiv; darüber hinaus kann derartiges bei einer entsprechenden Veranlagung zu Problemen der Persönlichkeitsentwicklung führen. Eine typische Variante ist das grandiose Selbst eines Narzissten, der ständig anderen die Schuld gibt; eine andere Option ist ein zutiefst verunsicherter Mensch, der zeit ihres Lebens nicht in der Lage ist verlässlich einzuschätzen, wo eigentlich die eigenen Grenzen liegen (selbstunsichere Persönlichkeit).

Ein gesundes Selbstbewusstsein ist wichtig, damit du dich nicht von der Meinung der Mitmenschen überrumpeln lässt.

Übung: Selbstbewusstsein übermalen

Schau dir deine Stärken genauer an. Überlege dir, welche schönen Dinge es in deinem Leben gibt, die dir Kraft geben („Ressourcen“), und schreibe dir die Punkte auf.

Dann nimmst du ein großes Blatt Papier und malst eine Skizze von deinem Selbstbewusstsein. Male zuerst deine Silhouette und fülle sie mit positiven Anteilen und solchen, die du vielleicht weniger an dir magst. All dies gehört zu dir und macht dich einzigartig. Du kannst dafür nur mit Farben arbeiten oder aber du nutzt ebenfalls Formen und Wörter.

Fülle deine Silhouette damit, ohne lang darüber nachzudenken.

Wenn du fertig bist, schaue dir das Abbild deines Selbstbewusstseins genau an. Vergleiche es mit den Stärken und Ressourcen, die du für dich entdeckt hast. Was fällt dir auf?

Im nächsten Schritt überlege bitte einmal, wann du dich zuletzt in deinem Leben voller Selbstbewusstsein gefühlt hast. Reise in der Zeit zurück und spüre genau nach. Wo findest du dein Selbstbewusstsein wieder? Notiere dir den Moment, an dem du vollkommen zufrieden mit dir selbst warst und voller Selbstvertrauen in dir geruht hast.

Ich möchte, dass du dir klar wirst, welcher Art dein Selbstbewusstsein ist: defizitär, realistisch oder überzogen optimistisch.

Zeichne dir dafür im zweiten Schritt eine weitere Silhouette. Nun malst du aber nicht dein Selbstbewusstsein hinein, sondern Einflüsse von außen, die dich geprägt haben. Auch hier kannst du wieder mit Farben arbeiten oder mit Bildern und Wörtern. Denke beim Zeichnen darüber nach, welche Aussagen von Eltern, Lehrern und anderen typisch waren. Von wem gab es Ärger für deine schlechten Noten, hat dir jemand bei den Hausaufgaben geholfen, warst du in Vereinen oder öfter mit einer Clique unterwegs? Eventuell macht es Sinn, das Bild in mehreren Sessions zu erarbeiten oder auch mehrere Schichten übereinander zu legen, um alles zu erfassen.

Der Einfluss von außen, durch Erziehung aber auch Gruppenaktivitäten, ist nicht unerheblich. Der Gruppenzwang ist eigentlich kein richtiger Zwang. Er verleitet aber zu Entscheidungen, die den eigenen Überzeugungen widersprechen, weil alle das machen und man dazugehören möchte. Er ist in unserem Alltag ein ständiger Begleiter.

All das sollst du dir bewusst machen und in diesem Bild verarbeiten.

Was fällt dir auf?

Wenn du auch diese Silhouette fertig hast, dann fertige noch eine dritte Silhouette an. Dieses Mal versuche, die äußeren Einflüsse aus deinem Selbstbewusstsein herauszufiltern und nur die Essenz, die übrig bleibt, zu malen. Ganz wird das nicht gelingen, es gibt Einflüsse, die so tief verankert sind, dass du nicht einfach so herankommst, aber ich möchte, dass du so weit wie möglich das Außen eliminierst und nur noch die Essenz des Ganzen malst. Immerhin geht es hier ausschließlich um dich.

Diese dritte Silhouette bist du, so wie du bist. Und das ist absolut okay, lass dir da bitte nicht mehr reinquatschen.

Nimm dir so viel Zeit für die gesamte Übung, wie du möchtest; male in Sessions, in Schichten, das ist keine einfache Aufgabe und du wirst immer wieder, wenn du die Silhouetten ein paar Tage zur Seite gelegt hast und sie dir dann wieder ansiehst, feststellen, dass es Punkte gibt, die du ergänzen musst, weil sie dir im ersten Moment einfach nicht klar waren. Aber es lohnt sich, versprochen.

... und was ist Selbstvertrauen?

Lass mich, ich kann das! – Oh, kaputt.

Nun, da du die Anteile deines Selbstbewusstseins differenziert betrachtet hast, wird es Zeit, dass wir uns über einen weiteren entscheidenden Punkt unterhalten.

Das wohl Schwierigste auf dem Weg zu mehr Zufriedenheit mit der eigenen Person ist nämlich: sich selbst zu vertrauen. Du hast viele Stärken und Ressourcen, wie du ja bereits bei der letzten Übung gesehen hast. Da ist es absolut legitim, dir selbst zu vertrauen. Du bist eine kompetente Person, die alles mitbringt, um in diesem Leben zu bestehen. Du hast jedes Recht, Selbstvertrauen zu haben.

Fokussiere dich jetzt bitte noch einmal auf das letzte Bild der vorigen Übung, das Selbst, bei dem du die meisten äußeren Einflüsse entfernt hast.

Betrachte es, als wäre es ein Spiegel. Sage deinem Selbst, dass du ihm vertraust, dass du deinen Stärken vertraust, dem Wissen, das du gesammelt hast. Und meine das bitte auch, wenn du es sagst. Wie fühlt sich das an?

Genau das ist nämlich Selbstvertrauen: dass du dir und deinen Fähigkeiten zutraust, den Weg zu gehen, den du gehen möchtest – und nicht den, den andere dir vorschreiben, offen oder durch versteckte Andeutungen. Du hast in dir sämtliche Fähigkeiten, die nötig sind, um deine Ziele zu erreichen. Und falls du feststellst, dass dir noch etwas fehlt, kannst du es einfach lernen. Es spricht rein gar nichts dagegen, weder dein Geschlecht, dein Alter, deine Herkunft, dein Schulabschluss oder was man dir sonst noch so vorhalten könnte.

Ich persönlich bin ein riesiger Schildkrötenfan. Wenn ich für mein persönliches Wappen ein Wappentier auswählen könnte, wäre es garantiert eine Landschildkröte. Ich kenne kein anderes Lebewesen, das so konsequent tut, was es möchte und für richtig hält. Schildkröten gehen immer den geraden, direkten Weg auf ihr Ziel zu, wenn es irgendwie machbar ist – und sie überraschen andere bei dem, was sie hinbekommen. Die meisten Leute sehen in Schildkröten immer nur kleine Panzertiere, die langsam und gemächlich krabbeln. Hin und wieder knabbern sie an einem Blatt, wenn sie sich nicht sowieso in ihren Panzer verkrümeln. Die Wahrheit ist: Schildkröten sind überraschend anders. Der Lieblingsplatz meiner ersten Schildkröte (mit dem unfassbar originellen Namen „Schildi“) befand sich unter dem Fernseher im Wohnzimmer. Da war es schön kuschelig-warm und geschützt. Schildi unternahm weite Spaziergänge von der Terrasse bis ins Wohnzimmer, um an ihren Lieblingsplatz zu gelangen. Absätze bei den Türen waren offensichtlich nur dazu da, überwunden zu werden. Und das tat sie mit ihrer ureigenen stoischen Gelassenheit und Sturheit. Sie hatte ja Zeit.

Mein persönliches Highlight kam ein paar Jahre später, als ich in meiner eigenen Wohnung auf die Dachterrasse hinausging und mir eine meiner neuen Schildkröten entgegen krabbelte – links neben mir das schräge Hausdach hinauf. Ich weiß bis heute nicht, wie Bernie dort hinaufgekommen ist. Fakt ist aber, dass Schildkröten offenbar keinen Schimmer davon haben, dass sie nicht klettern können. Jedenfalls meinen wir das. Die Schildkröten klettern, wie ich in der Zwischenzeit gelernt habe, mit Begeisterung und Geschicklichkeit, als wären sie eine Art Luis Trenker mit Panzer. Ich habe Schildkröten erlebt, die Maschendrahtzäune bis auf einen halben Meter senkrecht hochgestiegen sind oder sich an rauen Hausecken einfach hochgehievt haben. Setzt man sie runter und denkt: „Puh, gerade noch gerettet!", klettern die Mistviecher direkt wieder hoch … Dumm? Nein, denn Schildkröten sind erstaunlich zäh und bekommen es zur Not auch hin, sich wieder selbst umzudrehen, wenn sie sich irgendwo mit ihren Füßchen festhalten können. Außerdem wurden auch schon Kumpels gesichtet, die einem Verunfallten mit einem gezielten Knuff mit dem Panzer auf die Füße halfen. Schildkröten haben eine gehörige Portion Selbstvertrauen; das dürfen sie auch, schließlich sind sie die letzten Überlebenden der Dinosaurierzeit.

Zum (menschlichen) Selbstvertrauen gehört es, Einflüsse abzuschütteln, und mutig den Weg zu gehen, der zu deinem Glück führt – wie eine kletternde Schildkröte. Das ist nicht einfach und du wirst einige Anläufe brauchen, um dem Bild zu trauen, das da vor dir liegt.

Mache dir klar, dass die Einflüsse von außen durchaus auch Hilfreiches mit sich bringen: Sie lassen dich aufmerksam werden und die Welt beobachten. Und die Erfahrungen helfen dir, Entscheidungen zu deinen Gunsten zu treffen. Doch das Außen ist nicht mehr das, was dich bestimmt. Du, dein Kern, ist es, der ab jetzt alle Entscheidungen treffen wird, so wie es dir, deinem Selbst, guttut.

Wenn du dir vertraust, werden auch deine Entscheidungen klarer. Du wirst dich sicherer fühlen, auch wenn du etwas tust, von dem dir andere abraten.

Beispielsweise kannst du dann die Frage „Warum willst du einen sicheren Job aufgeben?“ klar beantworten: „Weil er mir nicht guttut, weil die Umgebung mir schadet, weil ich etwas anderes will.“

Und du wirst mit deinem neuen Selbstvertrauen auf die Suche gehen und deine Stärken bewusst einsetzen können. Wenn dein Gegenüber sieht, dass du dir selbst vertraust und in dir ruhst, wird es viel einfacher, andere von dir und deinem Vorhaben zu überzeugen. Dennoch wirst du bei dir selbst bleiben und dich nicht von Meinungen beeinflussen lassen.

Wie kannst du Selbstvertrauen lernen?

Eigentlich wollte ich die Welt erobern, aber es regnet!

Du hast schon viele wichtige Schritte gemacht. Trotz aller Bewusstheit ist es mitunter nicht einfach, sich wirklich zu vertrauen. Vor allem, wenn du bisher von deinem Umfeld eher negative Rückmeldungen bekommen hast, fällt es häufig schwer, aufzustehen und das Heft selbst in die Hand zu nehmen. Aber auch hierfür habe ich vier Übungen, die dir helfen, dich selbst zu verstehen und Vertrauen in dein Potenzial aufzubauen.

Übung: Biografiearbeit

Ich möchte, dass du dir ein Heft oder einen USB-Stick nimmst. Und dann schreibst du dein Leben nieder. Du kannst es auch diktieren, falls dir das leichter fällt. In das

Heft oder auf den Stick kommt nichts anderes. Nur deine Lebensgeschichte. Versuche, dich an Details zu erinnern. Suche alte Fotos und beschreibe die Situationen. Erinnere dich daran, was bei Familienfesten geschah und wer die Entscheidungen bei dir zu Hause traf.

Nimm dir die Freiheit, Entscheidungen, die deine Eltern, Großeltern oder auch andere getroffen haben, zu beurteilen. Überlege dann, ob das Urteil aus dir kommt oder eher die Stimmung zu dem Punkt widerspiegelt.

Überlege auch, wie du aus heutiger Sicht entscheiden würdest. Versuche, realistisch nachzuvollziehen, ob das etwas geändert hätte.

Die Übung geht damit über die reine Biografiearbeit hinaus. Du sollst anhand der Vergangenheit lernen, Entscheidungen und Konsequenzen zu begreifen. Und du kannst mit der Übung weiter daran arbeiten, Meinungen und Vorbehalte zu identifizieren, die dir von außen eingebläut wurden, dir aber vielleicht nicht so bewusst sind.

Übung: Tagebuch

Und gleich noch eine Übung, die dir helfen wird, mehr Selbstvertrauen zu lernen.

Schreibe ein Tagebuch.

Banal?

Ja, könnte man sagen. Du kannst das Tagebuch aber auch malen oder am Computer aufzeichnen, wenn dir das sympathischer ist. Such dir einfach aus, wie es dir am besten gefällt. Notiere im Tagebuch die wichtigsten täglichen Ereignisse, vor allem aber alles, was mit Entscheidungen zu tun hat. Das können kleine Entscheidungen sein, aber auch weitreichende. Dabei ist es egal, ob du die Entscheidung bereits getroffen hast oder sie kurz bevorsteht. Führe in dem Tagebuch ein Gespräch mit deinen Stärken und Ressourcen über die Entscheidung und versuche, äußere Eingaben von deinem ureigenen Willen zu trennen. Das gelingt am besten, wenn du es vor Augen hast oder auch hörst, denn bei reinen Gedankenspielereien verflüchtigen sich Argumente und du vergisst, sie am Ende zu berücksichtigen. Deswegen suche dir einen Weg, deine „Diskussion“ aufzuzeichnen und dann die Entscheidung zu beurteilen. Falls die Entscheidung schon gefallen ist, beobachte die Konsequenzen und vor allem dein Bauchgefühl. Wie fühlst du dich damit? Vertraust du deiner Entscheidung? Oder torpedierst du sie vielleicht, weil du dir doch noch nicht so vertraust? Versuche, deine Entscheidungen auf deine Stärken zu stützen und nicht etwa auf Schwächen. Deine Stärken sollten Fürsprecher sein und nicht Kontrahenten. Wenn du das eine Weile machst und lernst, die Stärken immer mehr zu berücksichtigen, wirst du mit deinen Entscheidungen auch immer mehr Erfolg haben und dich zugleich authentischer fühlen. Das Selbstvertrauen steigt damit einhergehend ebenfalls. Und du wirst innerlich spürbar zufriedener und unabhängiger.

Übung: „Praemeditatio malorum"

Falls du dich von den Meinungen der Menschen um dich herum weiterhin häufig verunsichern oder gar verärgern lässt, ist eine alte Übung der antiken Stoiker einen Versuch wert. Sie heißt *praemeditatio malorum* oder auf Deutsch: Voraus-Meditation der Übel. Klingt ein wenig sperrig im ersten Moment, ist aber eine wirklich wirkungsvolle Technik, die du als Morgenroutine nach dem Aufstehen einrichten kannst.

Meist sind Probleme, wenn sie uns unerwartet treffen, Auslöser für inneres Chaos. Wir fühlen uns überfordert, erleben ein Auf und Ab der Emotionen. Sieh von nun an zu, dass dich potenzielle Probleme nicht mehr unerwartet treffen. Überlege dir nach dem Aufstehen, was an diesem Tag alles schiefgehen könnte. Was könnte dich frustrieren, zurückwerfen oder enttäuschen? Und dann überlegst du dir, vielleicht noch kuschelig und wohlbehalten im Bett liegend, wie du darauf am besten reagierst. Welche Strategie wendest du an diesem Tag an, um möglichen Hindernissen und Rückschlägen zu begegnen und dich nicht aus der heiteren Gelassenheit schubsen zu lassen?

Diese uralte Visualisierungsübung wird auch heute noch im Mentaltraining häufig und gerne genutzt, denn sie verschafft dir eine gewisse Freiheit und ist ein gutes Mittel gegen Ängste.

Höchstwahrscheinlich werden Menschen die Auslöser dieser Probleme sein; mache dir klar, dass sie vermutlich noch gefangen sind in einem Alltag, den sie nicht durchschauen und auf den sie nur reagieren. Auch du bist ein Mensch und hast vielleicht das eine oder andere Mal jemanden verärgert, ärgere dich nicht über dein Gegenüber und hasse ihn auch nicht. Sich über jemanden zu ärgern, ist ein unnötiges Hindernis. Immerhin sind wir alle aufeinander angewiesen und müssen zusammenarbeiten. Das funktioniert nur in gegenseitigem Verständnis.

Übung: Müll im Fluss

Falls du in einer konkreten Situation dann doch mal um Fassung ringst und schnell wieder in die Gelassenheit zurückkommen möchtest, sind Visualisierungen wiederum der Top-Tipp.

Als ich ein Kind war, wurde einem sehr oft spaßeshalber empfohlen, sich einen Menschen, vor dem man großen Respekt oder gar Angst hatte, im Nachthemd oder komplett nackt vorzustellen. Oder auf der Toilette. Für uns Kinder ist das ein großartiger Hinweis, denn meistens mussten wir schon bei dem Gedanken kichern. Je besser und detailreicher du so etwas visualisierst, desto durchschlagender ist die Wirkung – und der Schmunzel-Effekt.

Möglicherweise sind diese Bilder nicht so dein Ding, dann gibt es zahlreiche weitere Varianten, mit denen du experimentieren kannst. Finde heraus, welche Visualisierung dich am meisten anspricht. Versuche es doch mit dem Gedanken, dass du dich unter einer Art Käseglocke befindest, die nur positive Einflüsse zu dir durchlässt. Negatives prallt gnadenlos an der Schutzhülle ab. Möchtest du nach einem ärgerlichen Meeting oder einer unschönen Diskussion schnell abschalten und dich wieder auf null zurücksetzen, kannst du visualisieren, wie du durch eine Art Magnetschleuse gehst, die allen Ärger aus dir herausfiltert.

Abschließend würde ich dir gerne noch die Visualisierung „Müll im Fluss“ vorstellen, die ich besonders gerne mag: Stell dir vor, dass du auf einer Brücke über einem Fluss stehst und auf das Wasser hinunterschaust. Dort unten siehst du, wie dein Ärger (ein Mensch oder der personifizierte Ärger) in einem Schwimmring sitzt und vor sich hin schimpft und meckert. Gemeinsam mit ihm sind noch mehr weggeworfene Dinge im Wasser. Sie alle treiben mit der Strömung von dir fort, werden immer kleiner, das Genörgel wird immer leiser – bis schließlich alles am Horizont verschwindet. Durchatmen, weitermachen.

Kümmere dich gut um dich selbst

Ich spüre jetzt deutlich das Tier in mir. Ich glaube, es ist ein Faultier.

Zufriedenheit und Gelassenheit findest du auch, wenn du dich gut um dich selbst kümmerst. Wenn du nicht auf dich achtest, wer soll es dann tun? Entwickle eine Wertschätzung für dich selbst und die Bedürfnisse deines Körpers.

Psychische Erkrankungen sind manchmal die Folge von Umständen, denen man mit den richtigen Entscheidungen und einem gewissen Selbstvertrauen hätte entgehen können. Doch dazu muss man diese Situationen identifizieren und den Mut besitzen, den eigenen Stärken zu trauen und sich nicht von den Meinungen anderer fremdbestimmen zu lassen.

Warum hängst du in einem Job fest, der dich stresst und dir Bauchschmerzen bereitet? Weil der Job unkündbar ist? Du sicher versorgt bist, genug verdienst? Später mal eine gute Rente erwarten kannst? Gegenfrage: Und was hast du von deiner Rente, wenn du dann krank bist? Herzinfarkt, Schlaganfall und andere physische Erkrankungen sind in vielen Fällen Folgen von zu viel Stress und psychischer Belastung. Hinzu kommen psychische Erkrankungen, die dich heimsuchen können, wenn du nicht lernst, auf dich zu achten.

In den meisten Firmen sind Mitarbeiter nur Nummern. Wenn du nicht auf deine Gesundheit achtest, wird es niemand tun. Und danken wird es dir erst recht niemand, wenn du trotz grippalem Infekt mal wieder ins Büro kommst, um deine Kollegen zu entlasten. Zwar haben theoretisch auch Chefs die Aufgabe, auf die Gesundheit ihrer Mitarbeiter zu achten, und - rein theoretisch - sollten sie auch ein Interesse daran haben, denn ohne Mitarbeiter geht nichts vorwärts. Nur leider sieht es in der Realität so aus, dass unglaublich viele Vorgesetzte der Ansicht sind: "Wenn der nicht mehr kann oder will, brauch ich nur die Tür aufmachen und da stehen zehn Neue, die die Position übernehmen". Menschenmaterial eben – oder Human Ressources.

Na ja, aber zum Glück ist dein Privatleben der perfekte Ausgleich, bei dem du deine Akkus wieder aufladen kannst. Bitte? Nicht wirklich? Wenn neben einem stressigen Job dann auch noch die Beziehung Höhen und Tiefen hat, die Kinder ihre Ansprüche klar machen und irgendwelche anderen Dinge dazu kommen, hast du nicht einmal mehr die Chance, hier zu entspannen und wieder zu dir zu kommen. Was ist die Lösung für dieses Dilemma?

Nimm dich wichtig: Schon mal was von Selbstfürsorge gehört?

Falls du Wellness bislang für einen überkandidelten Luxus gehalten hast, ist diese Erkenntnis möglicherweise überraschend: Ja, Wellness ist super. Wellness ist genau richtig, wenn du mehr Zufriedenheit und Gelassenheit in dein Leben holen willst. Wellness – oder vielmehr: sich selbst mal etwas Gutes tun – ist sogar einer der Eckpfeiler, um innerlich ins Gleichgewicht zu kommen. Oder andersherum: „Tu deinem Körper etwas Gutes, damit deine Seele Lust hat, darin zu wohnen.“ (Hildegard von Bingen)

Was mit dem Ausdruck Wellness bezeichnet wird, ist eigentlich eine Form der Selbstfürsorge. Klingt ein wenig sperrig, bringt es aber gut auf den Punkt. Erkenne deine ureigensten Bedürfnisse, nimm sie ernst und tue etwas, um sie zu befriedigen. Kümmere dich erstmal um dich selbst. Achte auf deine Gesundheit, psychisch wie physisch. Es ist fast wie im Flugzeug: Dort gibt es die strikte Sicherheitsanweisung, im Notfall zuerst einmal sich selbst zu versorgen und erst die eigene Sauerstoffmaske aufzusetzen. Erst dann hilfst du anderen. Andersherum macht es keinen Sinn. Und das gilt genauso für das alltägliche Leben. Sorge dich erstmal um dich selbst. Nur wenn es dir gut geht und du fit bist, kannst du anderen Gutes tun.

Das bedeutet beispielsweise bei deinem Job: Wenn du krank bist, bist du krank, da beißt die Maus keinen Faden ab. Wenn du krank bist, geh zum Arzt und bleib so lange zuhause, bis du wieder fit bist. Das bedeutet darüber hinaus, sich wirklich auszukurieren und nicht den Stress auf der Arbeit mit dem Stress durch Familie und Freunde zu vertauschen.

Fordere ein, was du brauchst, damit es dir gut geht. Bedenke immer, dass zum Beispiel Krankheiten, die nicht richtig auskuriert werden, ebenfalls Stress verursachen, und zwar im Körper und im Geist. Ein Problem, das Boomer und auch Millennials lange verkannt haben. Die auftretende Managerkrankheit oder die ständig steigende Zahl der Burn-outs sind Folgen eines mutwilligen Raubbaus am eigenen Körper.

Schaffe also unbedingt einen Ausgleich, ziehe Grenzen und richte dich nicht nach der Meinung anderer, sondern habe ein Auge auf dein persönliches Wohlergehen. All das gehört zur Selbstfürsorge. Warte deshalb nicht ewig darauf, dass andere sich erbarmen und dich mal zur Wellness-Auszeit einladen, sondern nimm es selbst in die Hand. Überstunden ja, aber nur im Rahmen des Möglichen und Legalen. Was vielen Menschen leider gar nicht klar ist: Dein Chef darf dich nicht zu übermäßigen oder gar regelmäßigen Überstunden zwingen. Er muss das Arbeitszeitgesetz und auch die vorgeschriebenen Ruhezeiten zwischen zwei Einsätzen beachten.

Wenn er sich nicht daran hält, und das regelmäßig, unternimm etwas. Es geht um deine Gesundheit und auch die deiner Kollegen. Aber erwarte nicht zu viel Unterstützung von Kollegen. Viele haben Angst um ihren Job, flüchten sich in die Sicherheit, die sie mittelfristig jedoch krank macht. Nein, nicht andere sind verantwortlich für dich, nur du! Sei dir deiner selbst sowie deiner ureigenen Bedürfnisse bewusst und vertraue auf dich und deine Einschätzung. Wer später einmal zufrieden seine Rente genießen will, muss jetzt die Grenze ziehen und für sich und seine Gesundheit einstehen.

Was tut dir gut und schafft einen guten Ausgleich, um den Kopf freizubekommen, damit die Federn genügend Raum haben? Sport, Familienabend, Treffen mit guten Freunden, Wandern, Spazierengehen in den Pausen oder, oder, oder?

Plane doch mal einen Urlaub, der für dich Wellness bedeutet. Wenn du neben der Arbeit auch den Haushalt versorgst und kochst, dann könnte es ein Urlaub sein, bei dem du nichts von all dem machst. Der kann sogar zu Hause stattfinden, muss also nicht sehr teuer sein. Geh essen, mach dir schöne Tage im Schwimmbad oder noch besser in einer Therme. Lass dich massieren und der Haushalt darf auch mal liegenbleiben. Oder vielleicht hilft dir dein Partner dabei.

Du hast aktuell keinen Partner? Mit etwas Kreativität ist auch das kein Problem. Schließ dich einer Gruppe an und mach einen einwöchigen Wanderurlaub. Auch eine Pilgertour ist wunderbar, um zu sich selbst zurückzufinden und innere Gelassenheit zu erreichen – auch für weniger spirituelle Menschen. Oder schließe mit ein paar Freunden oder Bekannten einen Pakt: Trefft euch jeden Tag bei einem anderen, sodass in der einen Woche Urlaub jeder nur einmal bei sich zu Hause aufräumen muss.

Übung: Wellness-Urlaub

Nimm dir etwas Zeit für dich: Male, zeichne oder bastele eine Collage von deinem Wellness-Urlaub. Alternativ kannst du schriftlich notieren, wie dein absoluter Wohlfühl-Urlaub aussieht. Mache es nicht zu kompliziert, achte lieber darauf, deine Auszeit vom Alltag realistisch zu gestalten. Und das wiederholst du ein paar Tage hintereinander. Wichtig ist, dass du mal ein paar Tage am Stück nur das tust, was dir Spaß macht, und dabei den Stress, der sich angesammelt hat, abbaust.

Ach ja, die Arbeit ist dabei ein absolutes Tabu. Plane also ein, Handy, E-Mails und Co. zu ignorieren. Schließe am besten das Handy irgendwo ein und hol es nicht mehr raus, bis der „Urlaub" vorbei ist. Denn zur echten Selbstfürsorge gehört es auch, nicht mehr rund um die Uhr erreichbar zu sein.

Wenn du deinen Traum-Wellness-Urlaub zusammengestellt hast, machst du etwas komplett Verrücktes: Reiche Urlaub ein und setze ihn einfach um. Ja, deine Kollegen kommen auch mal ohne dich aus. Mal ehrlich: Wann fehlst du ihnen mehr, wenn du eine Woche Urlaub machst oder wenn du monatelang krank bist, weil der Stress dich fertig gemacht hat? Wann nutzt du deinen Kindern mehr, wenn du dich mal eine Woche erholt hast und bestens gelaunt und relaxt Zeit mit ihnen verbringst oder wenn du in Therapie bist, weil du zusammengebrochen bist?

Übernimm die Verantwortung für deine Gesundheit - jetzt!

Erschaffe Routinen

Routinen helfen, Stress zu reduzieren. In dem Moment musst du dir keine Gedanken oder Sorgen darüber machen, was als Nächstes kommt. Keine Überraschungen bedeutet, der Kopf kann abschalten und der Mensch kann sich fallen lassen. Routinen sind ein ausgesprochen gutes Hilfsmittel, wenn es um eine bessere Selbstfürsorge geht. Alles, was vertraut ist, gibt Sicherheit und Ruhe.

Im Alltag lassen sich meist völlig unproblematisch kleine Rituale entwickeln. So kannst du nach der Arbeit beispielsweise erst einmal die Schuhe ausziehen, einen Tee oder Kaffee machen und dich gemütlich hinsetzen und einfach mal zehn Minuten dein Umfeld ausblenden. Oder wenn du Familie hast, trinkt ihr erst einmal gemeinsam Kaffee, esst ein Stück Kuchen und macht es euch einfach gemütlich. Falls das nicht jeden Tag funktioniert, wie wäre es dann mit einmal die Woche an einem festen Tag? Wichtig ist, ein Ritual aus dieser Mini-Auszeit zu machen, eine Routine, die sich immer auf die gleiche Weise wiederholt und so den stressigen Arbeitstag von der Freizeit trennt. Ist die dafür gesetzte Zeit um, zum Beispiel zehn bis fünfzehn Minuten, in der du einfach mal nur du warst, kannst du den Nachmittag oder Abend mit anderem füllen. Du wirst sicherlich schnell merken, dass so ein eindeutiger Trennstrich deine Freizeit viel ruhiger und erholsamer machen wird.

Eine andere Routine wäre zum Beispiel eine heiße Dusche, mit der du den Stress sozusagen abspülst. Einfach nach der Arbeit unter die Dusche und dann visualisieren, wie all der Stress des Tages von dir abgewaschen wird, im

Ausguss verschwindet und du im Gegenzug mit der Ruhe und Sanftmut des fließenden Wassers erfüllt wirst.

Falls du mehr der aktive Typ bist, der „Macher“, ist Bewegung eine großartige Sache. Wenn du es mit Sport versuchen willst, empfehle ich dir ebenfalls, feste Tage dafür einzuplanen, damit auch der Sport zu einer Art Routine wird. Dann weiß dein Unterbewusstsein, dass du dich nun so richtig auspowern wirst und es Zeit für positiven Stress ist. Dann startet dein Körper bereits im Vorfeld die Endorphin-Produktion. Das gibt dir noch vor Beginn deiner Sportsession ein gutes Gefühl, egal wie stressig der Tag bisher war.

Dasselbe gilt für solche Dinge wie Meditation, Thai Chi oder auch Yoga. Das sind herrliche Optionen, um zu mehr innerer Gelassenheit zu gelangen und zu lernen, in sich selbst zu ruhen. Viele Menschen versuchen es in Eigenregie und scheitern damit. Etwa, weil man zu müde ist oder etwas anderes dazwischenkommt. Insofern kann ich dir nur empfehlen, erst einmal einen Kurs zu besuchen. So schlägst du nämlich mehrere Fliegen mit einer Klappe: Die Kurse sind an festen Tagen und so wirst du quasi gezwungen, eine gute Routine aufzubauen. Außerdem ist es sinnvoll, sich die Übungen einmal live und in Farbe erklären zu lassen, als nur im stillen Kämmerlein irgendwas zu machen, von dem man glaubt, es wäre eine korrekte Übung. Unser Körpergefühl ist unglaublich gut darin, uns hinters Licht zu führen. Nach Ende des Kurses kannst du diese Routine unproblematisch und bestens vorbereitet daheim weiterführen.

In Gemeinschaft etwas an festen Tagen und Zeiten zu unternehmen, kann ebenfalls sehr entspannend sein. Plane doch einfach einmal die Woche einen Spieleabend mit der Familie ein oder einen Kino-Abend oder ihr geht jeden Samstag ein paar Stunden wandern. Worauf könnten alle Lust haben? Falls du Single bist, schließe dich einem Verein an, suche dir ein paar Leute für Gesellschaftsspiele oder Sport oder, oder ... Worauf hast du Lust, welche Aktivitäten könnten dir Spaß machen? Es gibt viele Möglichkeiten, Rituale und Routinen zu entwickeln.

Übung: Rituale

Überlege dir mögliche Routinen und Rituale, die dir helfen können, zu entspannen und in deiner Freizeit anzukommen. Eine Tagesroutine dauert in der Regel ein paar Minuten bis zu einer halben Stunde, um zu regenerieren, ehe man in die Freizeit startet. Morgen- oder Abendroutinen (also direkt nach dem Aufstehen bzw. vor dem Einschlafen) sind ebenfalls eine gute Option.

Welche täglichen Routinen könntest du einführen?

Überlege dir auch größere Routinen, die du einmal die Woche oder einmal im Monat fest einplanen kannst, um Stress abzubauen und etwas für dich zu tun.

Übung: Routinen erstellen und einüben

Ich möchte, dass du dir für die folgenden Situationen eine Routine überlegst, die dich entspannt und auf die nächste Phase des Tages vorbereitet. Du kannst deine Ideen dazu auch malen oder eine Collage machen. Wichtig ist, dass du dich ganz bewusst mit der Situation auseinandersetzt und überlegst, was dich einerseits zur Ruhe kommen lässt und dich andererseits auf das, was folgt, vorbereitet.

Fangen wir doch gleich morgens an: Wie sieht dein Morgen aus, der Abschnitt zwischen Aufstehen und Arbeit? Welche Routinen könntest du einfügen, um mit mehr Ruhe in den Tag zu starten und gelassen dem ins Auge zu sehen, was auf dich zukommt? Meine persönliche Routine ist zum Beispiel aufstehen, Hund knuddeln, Bad, anziehen, Kaffee machen und Toaster anschmeißen, Tiere versorgen, beim Frühstück ein bisschen auf dem Smartphone Nachrichtenseiten durchlesen, ehe ich ganz in Ruhe meinen Rechner hochfahre und mit der Arbeit starte. Dazu gehört beispielsweise auch, dass ich mich bemühe, immer um dieselbe Zeit aufzustehen.

Und wie kann dein ruhiger Morgen aussehen?

Das Nächste ist die Frühstückspause: Was kannst du tun, um noch mehr Entspannung für dich aus diesen Minuten herauszuholen? Und wie sieht es mit der Mittagspause aus?

Der Feierabend ist besonders wichtig, denn diese Routine sorgt für einen Trennstrich zwischen Arbeit und Privatem. Von nun an sind Geschäftsgespräche tabu; es sei denn, es ist wirklich ein Notfall. Versuche bitte nach Möglichkeit, bereits das Verlassen des Arbeitsplatzes in die Routine mit einzubeziehen. Was tust du, ehe du auf dem Weg nach Hause bist? Computer herunterfahren, Kaffeetasse wegstellen, Stifte wegräumen, Stuhl an den Tisch schieben, Licht aus ...? Ich möchte, dass du alle Schritte mit einbeziehst und dir Gedanken darüber machst, wie du bei diesen Handlungen bereits den Stress des Tages abstreifen kannst.

Und nun haben wir noch das zu Bett gehen: Auch hier ist eine Routine hilfreich; vor allem, wenn du vielleicht unter Einschlaf- oder Durchschlafproblemen leidest.

Manchen hilft es, im Bett noch ein Kapitel zu lesen, andere schauen bestimmte Sendungen oder Serien oder hören einen Podcast. Danach schaltet der Körper automatisch in den Ruhe-Modus, weil das Licht ausgeht. Gerade wenn du Probleme hast, zur Ruhe zu kommen, ist vielleicht eine Entspannungsübung oder eine Meditation die Lösung. Überlege, ob du bereits eine Routine hast und ob sie auch wirkt, oder, wenn du noch keine Routine hast, wie du dir eine entwickeln kannst.

Achte auf deine Ernährung

Etwas, was leider nur die wenigsten wissen: Stress kann auch durch falsche Ernährung kommen. Damit meine ich jetzt nicht Übergewicht; mir geht es vielmehr darum, was zum Beispiel Zuckerüberschuss mit deinen Nerven und sogar deinem Gehirn anstellt. Ebenso sind Mineralstoffmangel sowie Vitaminmangel Stressfaktoren für den Körper und können sich auch in der geistigen Gesundheit widerspiegeln.

Entsprechend sollte es Teil deiner Selbstfürsorge sein, deinen Bedürfnissen entsprechend zu essen. Bewegst du dich viel, vielleicht sogar an der frischen Luft, kannst du Energie brauchen, wobei Kohlenhydrate eher schnelle Energie liefern und dann rasch umgebaut werden und so auch schnell wieder zu Hunger führen. Langanhaltender wirken dagegen Proteine und gesunde Fette.

Aber auch wenn du dich nicht viel bewegst, ist die Zufuhr von wenig bis gar keinem Fett ein Problem, denn es gibt viele Vitamine, die nur in Fett löslich sind und vom Körper aufgenommen und verwertet werden können.

Die Zauberworte zur Ernährung heißen „ausgewogen“ und „den Umständen entsprechend“.

Wenn du viel Zeit im Büro verbringst und Kopfarbeit machst, kann es zu Hungerattacken kommen; besonders fatal ist allerdings der Heißhunger auf Süßes, wenn der Blutzuckerspiegel in den Keller rauscht. Der Schokoriegel als schneller Energiekick ist da verlockend, hilft dir aber genauso wenig wie dem Bauarbeiter, nur dass der Bauarbeiter die Energie verbrauchen kann, während du auf dem Bürostuhl sitzt.

Was ist denn nun eine Ernährung, die nicht nur kurzfristig den Hunger stillt, sondern auch langfristig guttut? Rein theoretisch sagt dir das dein Körper. Wir haben unglücklicherweise verlernt, auf ihn zu hören. Entsprechend wäre es hilfreich, vielleicht erst einmal zu schauen, wovon dein Körper möglicherweise zu viel und wovon er zu wenig hat. Nützlich ist hier etwa ein Blick auf den Vitamin- und Mineralstoffhaushalt, denn dieser zeigt dir an, wo du Mängel hast und wo vielleicht ein Zuviel herrscht. Lass den Wasser- und Fettgehalt deines Körpers checken. Diese Werte verraten dir, wie viel Kalorien du wirklich umsetzt und was sowieso nur auf den Hüften landet. Auch wenn du eigentlich schlank bist, kann es sein, dass du kein gesundes Verhältnis von Fett zu Muskelmasse im Körper hast. Es gibt Menschen mit einer Menge Muskeln und trotzdem zu viel Fett und es gibt Dünne, deren scheinbar gesunde Rundung nicht so gesund ist, weil sie keine Muskeln haben.

Es lohnt sich also, sich einfach mal komplett auf den Kopf stellen zu lassen. Dann setzt du dich mit der bisherigen

Ernährung auseinander und überlegst gezielt, wie du dich gesünder ernährst - ohne dir dabei unnötigen Stress zu machen!

Wenn Ernährung stressig wird, haben wir damit nämlich gar nichts gewonnen. Wenn du weißt, dass etwas geändert werden muss, ändere es besser in kleinen und kleinsten Schritten.

Du hast Vitamin-D-Mangel? Iss rotes Fleisch oder Leber oder geh alternativ viel in die Sonne – aber bitte mit genügend freier Haut, denn Vitamin D ist das einzige Vitamin, das wir auch selbst produzieren können, wenn unser Körper genug Sonne bekommt. Und dazu reichen nicht nur hochgekrempelte Ärmel.

Du hast Vitamin-A-Mangel? Karotten, rote Beete oder andere rote Gemüse in Kombination mit einem Butterbrot oder gedünstet mit etwas gutem Öl sollten dann auf deinem Speiseplan stehen. Denn Vitamin A gehört zu den Vitaminen, die nur fettlöslich sind.

Informiere dich, wie du deinen Mangel ausgleichen kannst, ohne deine Ernährung komplett umzuschmeißen. Welche Lebensmittel haben das, was dein Körper braucht? Und was solltest du meiden, weil du zu viel davon hast?

Bei den Mengen hilft es oftmals, wenn man aus dem Essen eine Routine macht – und zwar eine mit viel Zeit und Würde. Früher hat man den Tisch gedeckt und das Essen in Schüsseln und auf Platten serviert. Das braucht Zeit, aber es bringt auch direkt eine gewisse Gemütlichkeit und Ruhe mit sich. An einem schön gedeckten Tisch mit anderen zusammen isst du einfach bewusster, als sich schnell irgendein Fertiggericht in die Mikrowelle zu schieben und dies dann gedankenlos vor dem Fernseher in sich hineinzuschaufeln. Und allein durch diesen bewussteren Umgang bekommst du sofort ein anderes Verständnis für Essen und Nahrungsaufnahme. Du lernst wieder, auf deinen eigenen Körper zu hören. Er sagt dir, was er braucht; lerne also, ihm wieder zuzuhören und zu vertrauen.

KAPITEL 5:

Was macht die Seele glücklich?

Wenn das Leben dir einen Korb gibt, geh einkaufen!

Für alle, die immer noch ein bisschen glauben, dass Stoiker wie kleine Zombies durch die Gegend laufen, kommt jetzt eine Überraschung: Ohne Glück geht auch hier nichts!

Jeder Mensch hat tief in sich das ureigenste Bedürfnis, glücklich zu sein. Es ist eine Belohnung, ein warmes Gefühl im Bauch, Schmetterlinge und der Topf voll Gold am Ende des Regenbogens. Es ist die Kraft, die uns auch in miesen Momenten weitermachen lässt. Kaum etwas ist so machtvoll wie Glücksmomente – und das wussten auch die alten Philosophen schon sehr genau. Allerdings war ihnen ebenfalls bereits klar, dass Glücksmomente nicht das sind, was einen zu einem langfristig zufriedenen Menschen macht. Nur weil du einmal den Jackpot beim Einarmigen Banditen knackst, geht es dir danach nicht bis ans Ende deiner Tage gut. Besser ist Glück, das andauert. Also „nachhaltiges" Glück, bei dem die Emotionen nicht permanent jenseits der Skala sind, von absoluter Ekstase im nächsten Moment in den Minusbereich runterkrachen. Ein Glück, für das ich auch keine Villa, zwölf teure Sportwagen, Rennpferde oder den Privatjet brauche. Geld ist angenehm, aber das Leben kann sich auch in einer Zweizimmerwohnung gut anfühlen und Spaß machen.

Deshalb lohnt ein Blick auf die gute alte Frage: Was ist eigentlich Glück, wie kann ich dieses Gefühl in meinem Leben behalten? Und: Welches Glück ist eigentlich das richtige, das auch unsere Seele bereichert?

Übung: Was bedeutet Glück für dich?

Wie wäre es zum Start mit einer kleinen Übung? Als Auflockerung, ehe wir das Thema einmal auf Links drehen, wie es so schön heißt.

Nimm dir einen Stift und einen Zettel, starte eine Audioaufnahme am Handy oder Computer und dann sprich laut über das Thema Glück, darüber, was du denkst, wie es sich anfühlt, was dafür nötig ist. Vielleicht fällt dir eine Situation ein, in der dich das tief empfundene Gefühl von Glück warm durchströmt hat. Vielleicht war da mal eine außergewöhnliche Empfindung, ein Blick eines anderen Menschen. Vielleicht ging oder geht ein großer Wunsch in Erfüllung. Was es auch ist, lass es raus. Stelle dir nur die eine entscheidende Frage: Wann warst du einmal rundum glücklich?

Das ist nicht einfach. Deshalb möchte ich, dass du dir Zeit nimmst. Manchmal ist es einfacher, etwas zu malen, als es in Worte zu fassen. Ein sogenanntes Visionboard, bei dem du deine Gedanken einfach aufzeichnest oder eine Collage erstellst, kann helfen. Dieses Bild kannst du dann auch immer wieder vorholen, wenn du wieder einmal Glück verspüren möchtest.

Besonders interessant bei deiner Bedeutungsfindung kann dabei folgende Technik sein: Nimm einen Stift und kritzele einfach vor dich hin, während du darüber nachdenkst, was Glück eigentlich für dich ist. Denke nicht darüber nach, was du kritzelst, sondern lass dein Unterbewusstsein deine Hand führen. Aus den ersten Strichen werden Formen, die Formen setzen sich zu Bildern zusammen ...

Ja, genau. Kritzle einfach, ohne die entstehenden Linien bewusst zu beurteilen.

Hast du alles zum Thema Glück gesagt oder gedacht, betrachte deine Kritzelei genauer und versuche, Hinweise in den Formen zu finden. Was verbindet dein Unterbewusstsein mit Glück? Lass deiner Fantasie einfach freien Lauf; fast wie beim Bleigießen zu Silvester. Was will dir dein Unterbewusstsein mitteilen?

Warum wir dein Unterbewusstsein fragen?

Dein Unterbewusstsein hat eine enorme Macht über dich. Wenn du nicht begreifst, was es braucht, kannst du dich dein Leben lang abhetzen auf der Jagd nach Glück, ohne es je wirklich zu erreichen.

Und aus diesem Grund gibst du dich auch nicht mit dieser einen Kritzel-Session zufrieden. Du wiederholst sie. Entweder hörst du dir dabei deine Aufnahme an, wie du über das Glück philosophierst, oder aber du machst eine weitere Aufnahme, in der du erneut über das Glück nachdenkst.

Das ist der erste Schritt.

Jetzt hast du eine kleine Idee davon, was Glück für dich ist. Idealerweise machst du nun auch noch den zweiten Schritt und fragst vielleicht deine Familie und Bekannte, was für sie Glück ist. Vielleicht werden dich ihre Aussagen überraschen, denn jeder Mensch definiert Glück anders. Ja, sogar jede Generation versteht etwas anderes unter Glück. Auch wenn wir uns nur über dieses großartige Gefühl in uns einig sind, das mit einem Mal das komplette Leben so unglaublich leicht macht … und das leider auch genauso schnell wieder fort ist. Macht Glück uns also wirklich glücklich?

Was ist Glück eigentlich?

Ich brauche einen neuen Kopf. Der alte denkt zu viel.

Als Jugendliche war ich ein totaler Film-Freak, heutzutage würde man mich vielleicht sogar als Nerd bezeichnen. Damals waren Videorekorder noch recht teuer, deshalb war ich im Himmel, als eine sehr gute Freundin den VHS-Videorekorder ihrer Eltern „erbte". Nahezu jedes Wochenende fuhren wir dann in die City und stürmten dort eine Videothek mit einer besonders großen Auswahl. Das Ausleihen war ein teurer Spaß, aber für uns waren die Filmabende das Highlight der Woche. Ein Samstag wird mir allerdings für immer in Erinnerung bleiben, denn er hat etwas in mir ausgelöst: An dem Nachmittag hatte ich mein restliches Taschengeld in die Videothek geschleppt und war quasi blank. Ich dachte nur: „Hoffentlich passiert nichts mehr diesen Monat! Hoffentlich muss ich nicht noch irgendwas kaufen." Meine Mutter anzupumpen, war nicht unbedingt eine Spaßveranstaltung. Schließlich musste sie das Geld zusammenhalten und den kompletten Familienalltag „stemmen“. Insofern würde es mit Sicherheit wieder Diskussionen geben, wenn sie erfuhr, dass ich mein Geld für „Kinkerlitzchen“ ausgegeben hatte. Himmelhochjauchzend und zu Tode betrübt stand ich an der Kasse, steckte die Videos in die Umhängetasche und sah auf dem Fußboden etwas liegen, was da nicht hingehörte. Ich stellte meinen Fuß darauf. Vorsichtig beugte ich mich hinunter, so als ob ich den Schnürsenkel meines Schuhs checken würde. Vorsichtig zog ich den Fuß zurück und mir blieb fast das Herz stehen: Da auf dem Boden lag genau ein Schein, wie ich ihn dem Kassierer gegeben hatte. Mein persönlicher Fehlbetrag. Ein verstohlener Blick und, schwupps, war der Schein in meiner Hand und dann in der Jackentasche verschwunden. Mit bis zum Hals klopfendem Herzen ging ich nervös zur Tür und hinaus – innerlich darauf wartend, dass mir jemand so etwas wie „Haltet den Dieb!“ hinterherrufen würde. Fünfhundert Meter weiter konnte ich endlich aufatmen! Nichts passiert. Das Glücksgefühl im ersten Moment war unbeschreiblich, schließlich hatte ich nicht nur die Filme, sondern diese auch gewissermaßen für null bekommen. Perfekt!

Doch wenig später überfiel mich dann das schlechte Gewissen. Wer weiß, ob derjenige, der den Schein verloren hatte, das Geld nicht dringend brauchte? Das Schuldgefühl nagte an mir und ich überlegte, ob ich nicht zur Videothek zurücklaufen und den Schein dort abgeben sollte. Die gute Freundin, der ich das an der U-Bahn beichtete, schaute mich an, als wäre mir eben ein drittes Auge gewachsen: „Der Mini-Betrag? Mach dich nicht lächerlich!“ Tatsächlich waren es nur 10 D-Mark, aber ich fühlte mich nicht wohl damit. Es war nicht richtig gewesen, das Geld gehörte mir nicht. Aber ich ließ mich von der Freundin eines Besseren belehren, da sie ihre Meinung so nachdrücklich vertrat.

Oh, ich glaube, ich habe diesen Schein noch heute irgendwo liegen. Ausgegeben habe ich ihn nämlich nicht. So schnell kann ein Glücksgefühl umschlagen.

Gerade in den letzten Jahren hat das Thema Glück wieder einmal Furore gemacht. Es gibt unglaublich viele Bücher auf dem Markt, in denen diskutiert wird, wie man schnellstmöglich glücklich wird und dies nach Möglichkeit auch bleibt. Wobei Philosophen sich über Glück schon vor mehreren Tausend Jahren Gedanken machten. Heutzutage wird zwischen zwei Arten von Glück unterschieden: dem sogenannten Zufallsglück und dem Lebensglück. Ersteres ist eigentlich der glückliche Zufall, völlig unerwartet überrascht uns etwas äußerst positiv. Für den Volksmund ist allerdings klar, dass die Tüchtigen Glück haben, denn schließlich ist jeder „seines Glückes

Schmied". Im Umkehrschluss beinhalten diese Aussagen aber auch den Gedanken, dass Menschen, die oftmals Pech haben, nicht tüchtig und fleißig sind. Herzlichen Dank für die Vorverurteilung!

Lebensglück, also ein glückliches Leben zu führen, bedeutet wiederum, ein sorgenfreies Leben zu führen. Man ist glücklich, gesund, frei, hat genügend materielle Mittel und wird von Schicksalsschlägen verschont.

Für Glücksforscher ist klar: Glück ist eigentlich eine spezielle Haltung und hängt maßgeblich davon ab, wie wir unser Leben beurteilen. Je mehr man sein eigenes Leben mag, desto glücklicher ist man. Ein Zustand, der zahlreiche angenehme Konsequenzen hat: So denken wir beispielsweise kreativer, sind gesünder und optimistischer, führen bessere, stabilere Beziehungen, empfinden Stress nicht als besonders belastend, haben mehr Erfolg im Leben und sind generell leistungsfähiger. Dabei sind weniger die Umstände entscheidend; vielmehr, wie wir die Umstände bewerten. Dies wird besonders bei Schicksalsschlägen deutlich, wenn manche Menschen es schaffen, sogar das Glück im Unglück zu sehen. Solche Wechselfälle des Lebens machen uns immer wieder deutlich, dass das Glück kein Dauerzustand ist.

Viele Leute machen zudem den Fehler, ihr Glück an Bedingungen zu knüpfen. Vielleicht sind dir derartige Aussagen bereits begegnet:

„Wenn ich meine erste Million verdient habe, werde ich glücklich sein."

„Wenn ich im Job endlich befördert werde und den Posten XY habe, steht meinem Glück nichts mehr im Wege."

Sollte man es schaffen, diese Bedingungen zu erfüllen, stellt man ziemlich schnell fest, dass das Glück sich nicht herbeizitieren lässt. Von wesentlich größerer Bedeutung für das Lebensglück, das zumeist mit Zufriedenheit gleichgesetzt wird, ist die innere Haltung eines Menschen, sein jeweiliger Fokus auf das Positive oder das Negative.

Bei dieser Glückssuche bleibt meiner Ansicht nach ein entscheidender Faktor auf der Strecke, mit dem ich damals in der Videothek Bekanntschaft gemacht habe: Glück hat Konsequenzen. Außerdem ist stets die Frage, ob Glück tatsächlich gut für uns ist –gut für das, was wir Seele nennen. Ich zeige dir, was ich meine: Nehmen wir die Großzügigkeit. Sie gilt als erstrebenswert, denn damit kannst du Gutes tun. Das wiederum gibt dir ein gutes Gefühl. Sie macht dich zufrieden. Die Extreme davon sind einerseits der Geiz und andererseits die Verschwendungssucht. Wenn du ständig Geld zum Fenster hinauswirfst, wird dich das nicht beliebter machen und du bist vermutlich irgendwann blank. Geiz macht dich ebenfalls unbeliebt und vermiest dir das Leben. Oder nehmen wir die Tapferkeit; tapfer zu sein ist eine sehr lobenswerte Eigenschaft. Diese markiert wiederum genau die goldene Mitte zwischen zwei Extremen: der Feigheit und der Tollkühnheit.

Das rechte Maß in allem zu finden, ist von enormer Bedeutung, wenn du ein Leben führen willst, das dich zufrieden macht. Denn Zufriedenheit ist gewissermaßen die Mitte zwischen himmelhochjauchzend und zu Tode betrübt.

Vor ein paar Tagen habe ich eine Reportage über eine junge Frau gesehen, die jeden Tag rund hundert Orgasmen hat. Ich bin mir sicher, dass es Menschen gibt, die nun leuchtende Augen bekommen und denken, dass das doch wirklich der Himmel auf Erden sein müsse. Hat die Frau ein Glück! – Hat sie nicht. Sie zu sehen, tat fast körperlich weh. Die junge Frau ist komplett am Ende, körperlich wie psychisch. Sie ist nicht in der Lage, Auto zu fahren oder zu arbeiten. Ihr Zustand ist eine einzige Tortur. Für sie ist es das größte Unglück, das sie treffen kann. Die Sache hat jedes Maß verloren.

Anstatt dem Glück hinterherzujagen oder es an Bedingungen zu knüpfen, versuche besser, deine Zufriedenheit zu steigern.

Sieger nach Punkten: Zufriedenheit

Wenn das die Lösung ist, hätte ich gern mein Problem zurück.

Zufriedenheit? Okay, ich weiß, was du jetzt denkst: Das klingt nicht besonders sexy oder cool …

Aus irgendeinem Grund hört sich zufrieden nicht so toll an wie glücklich. Meines Erachtens liegt das daran, dass es sich fast wie befriedigend anhört, also nur wie eine Drei. Nett und durchschnittlich, das wars. Aber zufrieden und befriedigend sind zwei unterschiedliche Worte, die einfach nur ähnlich klingen und ansonsten nicht viel miteinander gemein haben.

Was ist befriedigend?

Befriedigend ist etwas, das nicht schlecht ist; es ist ordentlich und entspricht den allgemeinen Standards. Es ist der Durchschnitt. Dummerweise sind wir alle darauf getrimmt, dass der Durchschnitt nichts ist, was man anstreben sollte. Wir wollen alle immer besser sein und werden. Dabei ist der Durchschnitt nichts Verkehrtes. Alles funktioniert, es fehlt an nichts, die Leistung stimmt. Aber unsere Konditionierung, die sich im Unterbewussten festgefressen hat, flüstert uns ein, dass es nichts Gutes ist, „nur" Durchschnitt zu sein.

Was ist zufrieden?

Zufrieden hört sich ähnlich an und ist auch von der Bedeutung her ähnlich. Wenn jemand mit deiner Arbeit zufrieden ist, hast du sie zuerst einmal gut gemacht, alles ordentlich erledigt ... Was jedoch viel entscheidender ist: Zufriedenheit ist ein Zustand, in dem wir mit uns selbst und unseren Wünschen und Hoffnungen Frieden geschlossen haben. Wir haben erreicht, was uns wichtig war, und können ohne Frust in die Zukunft schauen. Wir ruhen in uns.

Wenn du also diesen Zustand der Zufriedenheit spürst, hast du den langfristig besten Teil des Glücks erreicht.

Nur wie erreichst du diesen Zustand?

Für einen Stoiker ist die Frage überraschend leicht zu beantworten: Du solltest schlicht und ergreifend naturgemäß leben. Das bedeutet jetzt aber nicht, dass du dein Zelt und deine Luftmatratze einpacken und in den nächsten Wald ziehen sollst! Es geht um etwas anderes beim Begriff „naturgemäß“: Wenn du dauerhaft glücklich, also zufrieden sein möchtest, solltest du gemäß deiner eigenen Natur leben. Du solltest also eine gute Vorstellung davon haben, was du für ein Mensch bist, was du körperlich und psychisch leisten kannst, welche Fähigkeiten du hast, welche Stärken und auch Schwächen. Du solltest auch nach der Natur des Wesens Mensch leben. Menschen haben bestimmte Eigenschaften, die sie von anderen Lebewesen, vielleicht einer Schildkröte oder einem Löwen, unterscheiden. Die Stoa definiert Menschen beispielsweise als vernunft- und sprachbegabte Wesen. Und drittens geht es beim naturgemäßen Leben zugleich um ein Leben auf Basis der natürlichen Ordnung der Welt.

Was ist der gemeinsame Nenner dieser drei Faktoren, wenn wir das Ganze einmal zu Ende denken? Ein Mensch, der ein zufriedenes Leben führen möchte, sollte einen tugendhaften Charakter haben. Keine Sorge, das klingt altmodischer, als es ist! Tugendhaft zu sein meint nichts anderes, als Gutes mit einer gewissen Leichtigkeit zu tun. Zu diesen Tugenden gehören unter anderem eine unerschütterliche Seelenruhe, sich möglichst nicht von Affekten und Impulsen leiten lassen und die Selbstgenügsamkeit, also nicht von Meinungen anderer abhängig zu sein. Kommen dann noch Weisheit, Gerechtigkeit, Tapferkeit, Seelengröße und Mäßigung hinzu, erreichst du (geistige) Freiheit sowie Unabhängigkeit. Weiterhin gelten Schwächen wie Heucheln, anderen nach dem Mund reden oder Verschwendungssucht als No-Go. Auch das Nachjagen von Zielen, die dem Erreichen von geistiger Freiheit und Unabhängigkeit im Weg stehen, ist zu vermeiden. Eigentlich eine Selbstverständlichkeit, denn wer hat schon Lust auf Umwege, wenn man ansonsten schnurstracks und in Rekordgeschwindigkeit zum verlockenden Ziel der echten heiteren Gelassenheit im Leben gelangen kann?

Ressourcen

Optimismus für Singles: Mein Bett ist halb voll.

Glücklich und gelassen zu sein, kurzum federleichte Gedanken zu haben, ist das Ziel, zu dem dich dieses Buch führen will. Ein wichtiger Faktor, um das zu schaffen, sind deine höchstpersönlichen Ressourcen.

Ich weiß, der Ausdruck ist ein wenig „sperrig“ und hat etwas von Erdkundeunterricht … Da war auch die Rede von Ressourcen, die ein Land hat. Dann ging es um Bodenschätze oder Wälder (= natürliche Ressourcen), die man als Schüler mit Argusaugen mühsam im Atlas entdecken, auflisten und interpretieren musste. Wer sich die Mühe gemacht hat, das Wort nachzuschlagen, weiß, dass es „Mittel“ oder „Quelle“ bedeutet. Wobei es sich um Mittel handelt, mit denen man Ziele verfolgen kann. Dabei kann eine Ressource sowohl ein materielles als auch immaterielles Gut sein.

Puh, das liest sich gerade schon ein bisschen wie die Bauanleitung einer Stereoanlage, aber keine Sorge, gleich wird es besser.

Inzwischen ist der Begriff Ressourcen nämlich auch von besonderer Bedeutung, wenn es um das Wohlergehen von uns Menschen geht. Da ist dann häufig die Rede davon, dass die persönlichen Ressourcen einer Person darüber entscheiden, ob dieser Mensch ein glückliches und zufriedenes Leben führt. Und das hat nun eher selten etwas mit Bodenschätzen zu tun.

Ressourcen sind zum einen „Mittel“ in dir, die dir helfen (innere Ressourcen). Gemeint sind Gedanken und Gefühle, die uns Mut machen. Somit sind innere Ressourcen fast so etwas wie eine Ergänzung zu unseren persönlichen Stärken. Unter Stärken versteht man Eigenschaften, die einem helfen, im Leben weiterzukommen; meist sind sie angeboren, manchmal auch anerzogen, wobei schon eine gewisse Grundneigung vorhanden sein muss, damit eine Fertigkeit wirklich zu einer Stärke wird. Innere Ressourcen sind hingegen die ganz persönlichen Kraft- und Energiequellen in uns. Sie unterstützen uns dabei, unser Leben nach unseren Vorstellungen zu führen. Wir haben sie uns im Laufe der Zeit angeeignet. Zu den inneren Ressourcen zählen deshalb etwa unsere Fähigkeiten, die Kompetenzen, unsere Einstellungen und Sichtweisen, Humor und schöne Erinnerungen, Ziele und Träume,

Hobbys und Interessen, die Fähigkeit, sich entspannen zu können, und sogar unser Aussehen.

Darüber hinaus gibt es ebenso Dinge oder Personen in deiner Umgebung, die dich dabei unterstützen (Beziehungen werden als relationale Ressourcen bezeichnet). Eine Familie, die dich von Sorgen ablenkt und dir Freude und Kraft schenkt, wenn du mit ihr etwas unternimmst, ist ein echtes Geschenk und somit eine gute Ressource. Außerdem unterstützt dich deine Familie vielleicht effektiv und tatkräftig, wenn es mal wieder sehr stressig zugeht. Aus diesem Grund sind Familie und auch Freunde wichtige Mittel, die dir bei der Bewältigung deines Lebens helfen. Äußere Ressourcen gibt es ebenfalls noch: deine Arbeit, Freizeitbeschäftigungen, Natur, Gesundheit oder auch die finanzielle Absicherung.

Unglücklicherweise haben nur die wenigsten Menschen eine Idee davon, über welche Ressourcen sie verfügen. Ressourcen, auf die sie zurückgreifen könnten, wenn das Leben einen gerade mal wieder arg durchschüttelt. Anstatt dich allein durchzuwurschteln und womöglich zu verzweifeln, hast du vielleicht wertvolle „Mittel“, um eine kritische oder frustrierende Situation unbeschadet zu überstehen, die dir gar nicht bewusst sind. Deshalb ist diese Stelle perfekt, um mal wieder ins Tun zu kommen.

Übung: Das Ressourcen-Quiz

Wir spielen jetzt mal ein Frage-Antwort-Spiel. Ich stelle dir einige Fragen und du gibst mir die Antworten, die für dich richtig sind. Die schlechte Nachricht: Es gibt bei diesem Spiel keine Telefonjoker und das Publikum kannst du auch nicht befragen. Und jetzt die gute Nachricht: Alle deine Antworten sind richtig, wenn sie sich für dich richtig anfühlen.

Und schon geht es los!

Was unternimmst du gerne in deiner Freizeit?

Was tut dir gut?

Was stärkt dich?

Wer oder was hilft dir?

Wer hat dir früher schon aus der Klemme geholfen?

Gibt es außerdem noch jemanden, der dir helfen könnte?

Wobei kannst du dich entspannen?

Woraus hast du bisher Kraft und Hoffnung gezogen?

Stell dir vor, dass du dir dein ganz persönliches inneres Unterstützer-Team zusammenstellst. Welche deiner Stärken, Fähigkeiten und Erfahrungen würdest du in dieses Team wählen?

Übung: Der Ressourcen-Contest

Überlege dir, welche deiner Verwandten eine Ressource für dich sind. Schreibe so viele wie möglich auf! Wie viele fallen dir ein?

Notiere zusätzlich zum Namen die jeweilige Ressource.

Übung: Äußere Ressourcen

Neben Personen können auch Orte für dich eine Ressource sein. Ich mag zum Beispiel Architektur und finde es sehr entspannend, historische Gebäude zu betrachten. Insbesondere alte Kirchen und Kathedralen mit ihren klaren Formen und Linien haben etwas Beruhigendes für mich. Andere finden Ruhe und Entspannung eher im Garten, im Wald oder wenn sie in den Bergen eine Wanderung unternehmen.

Nimm also einen zweiten Zettel und schreibe spontan Orte auf, an denen du dich sehr wohl fühlst, die dich entspannen oder inspirieren. Spontan ist dabei das Zauberwort, denke nicht darüber nach. Erst danach überlegst du dir, was diesen Ort besonders macht, was du an dem Ort magst und warum er sich so positiv auf dich auswirkt.

Ein einfaches Beispiel für so einen Ort wäre eine Küche, aber nicht irgendeine, sondern nur die von Oma Hildegard, da diese immer mit viel Ruhe und Gemütlichkeit zu Werke geht und niemals hetzt. Ihre Küche ist der Mittelpunkt der Familie, in der man gemeinsam kocht, spielt, redet und einfach füreinander da ist. Das wäre so ein besonderer Kraftort.

Welches sind deine Kraftorte?

Möchtest du noch ein paar Anregungen für schöne Ressourcen? Ich meine ja, man kann davon eigentlich nie genug haben. Schließlich ist das unser ultimativer Schutzschild, damit wir unsere heitere Gelassenheit auch dann bewahren können, wenn um uns herum mal wieder alles Kopf steht oder alle einfach nur nerven.

Übung: Humor fördern

Eine meiner persönlichen Lieblingsressourcen! Humor ist, wenn man trotzdem lacht ... Nein, so ist es ja auch wieder nicht – obwohl ich schon ein erklärter Fan von Galgenhumor bin. Wenn es einem gelingt, das Amüsante oder einfach ein skurriles Detail in den unmöglichsten Situationen zu sehen, wirst du immer eine Handbreit Wasser unter dem Kiel haben, wie man bei uns im Norden so schön sagt. Tatsache ist, dass Lachen entspannt und Humor insofern eine der schönsten Ressourcen ist.

Ein herzliches Lachen tief aus dem Bauch heraus entspannt die Muskulatur und vor allem den Geist. In Asien gibt es regelrechte Lach-Klubs. Man trifft sich und lacht dann gemeinsam.

Ja, okay, einfach mal allein loszulachen, ist nicht so einfach. Da kommt man sich schon ein wenig verdreht vor. Fang am besten mal klein an: Schau Comedy im Fernsehen oder lass dir von Freunden, die einen ähnlichen

Sinn für Humor haben, gute Filme empfehlen, bei denen sie so richtig Tränen gelacht haben. Such dir etwas, was du wirklich witzig findest, und dann tu dir keinen Zwang an, befreie dich mit einem herzlichen Lachen. Alternativ kannst du dir auch eine Lach-Yoga-Gruppe suchen; ja, die gibt es wirklich. Wobei ich eigentlich schon beim Gedanken daran gerade wieder schmunzeln muss.

Such von nun an das Heitere in den Dingen. Alles ist erlaubt. Je skurriler, desto besser. Lass deiner Fantasie freien Lauf und grinse und lache, was das Zeug hält. Lachen ist die schönste Art, inneren Abstand zu den Dingen zu bekommen, denn Lachen geht dann am besten, wenn du innerlich wieder auf der Anhöhe stehst und interessiert die Ameisen und Matchbox-Autos beobachtest. Viel Spaß!

Übung: Erforsche deine spirituelle Ader

Ich hatte dir ja erzählt, dass ich ein Faible für Architektur habe und vor allem von Kirchen sehr fasziniert bin. Nun bin ich kein religiöser Mensch, doch wenn dich Spiritualität inspiriert, kann dir auch der Glaube Ruhe und Ausgleich bringen. Ein Gebet beispielsweise ist eine wunderbare Art und Weise, loszulassen und zur Ruhe kommen. Mache dir bewusst, dass du Sorgen abgeben kannst und sie so viel leichter werden.

Selbst wenn du dich bislang nicht für religiös hältst, ist es dennoch gut, deine spirituellen Gedanken und Neigungen zu untersuchen. In Australien kannst du beispielsweise der Glaubensrichtung „Jedi“ beitreten (ja, genau, die aus Star Wars). Falls du mit „der Macht“ oder Midichlorianern nichts anfangen kannst, dir die dunkle und die helle Seite zu wenig Auswahl ist, findest du dich vielleicht bei den Anhängern des „Fliegenden Spaghettimonsters“ wieder. In Amerika gibt es hierzu tatsächlich eine eingetragene Glaubensgemeinschaft, deren Mitglieder großen Wert darauflegen, sich mit einem Spaghetti-Sieb auf dem Kopf für Passfotos ablichten zu lassen. Vielleicht nicht unbedingt besonders spirituell, aber auf jeden Fall ein echter Schmunzler, oder?

Übung: Meditation

Eine weitere sinnvolle Ressource kann die Meditation für dich werden, wenn sie dir liegt. Dieses Versenken in sich selbst ist perfekt, wenn dich gerade wieder irgendjemand trotz deiner besten Vorsätze bis zur Weißglut geärgert hat oder dich irgendwelche Alltagsdinge belasten. So findest du schnell wieder deine innere Mitte und deine heitere Gelassenheit. Bei einer Meditation konzentriert man sich auf das, was man gerade tut, und nur darauf. Dadurch soll eine Reduktion unserer Gedankenflut erreicht werden, was uns entspannt und vor allem den Kopf frei macht.

Die Techniken fangen oft mit einer bewussten Bewegung an, etwa dem bewussten Gehen, bei dem man sich nur auf die Bewegung der Füße konzentriert. Alternativ können spezielle Atemtechniken genutzt werden oder ein Mantra, über das du dich allmählich in die Meditation hineinbegibst. Falls Gedanken kommen, lässt du sie wie Wolken entspannt vorbeiziehen und beobachtest sie nur. Auch hier bist du innerlich wieder einmal auf deiner „Anhöhe" und betrachtest alles einfach interessiert.

Übung: Atemtechniken

Eine der wichtigsten Techniken bei der Meditation ist die Kontrolle des Atems. Entsprechend möchte ich dir diese gerne näherbringen. Du kannst sie bei allen Meditationsformen zum Einsatz kommen lassen und auch anwenden, um bei einer kurzen Atempause wieder zur inneren Ruhe zu gelangen.

Bei der Übung ist es egal, ob du sitzt, stehst oder liegst.

Lege eine Hand auf den Bauch und eine auf den Brustkorb. Atme ein und fülle dabei zuerst den Brustkorb, dann den Bauch mit der eingeatmeten Luft. Deine Hände helfen dir, den Weg des Atems zu kontrollieren. Halte kurz den Atem an, ehe du wieder ausatmest. Leere dabei erst den Bauch, dann den Brustkorb. Halte wieder kurz den Atem an, ehe du den nächsten bewussten Atemzug machst. Konzentriere dich die ganze Übung stets auf deine Atmung und die Empfindungen in deinen Händen.

Wenn du Übung öfter gemacht hast, wirst du die Unterstützung der Hände zur Kontrolle des Weges der Atemluft nicht mehr benötigen. Am Anfang jedoch gibt dir das Gefühl, wie die Luft in dich hineinströmt und wieder ausströmt, eine gewisse Sicherheit.

Die Übung wird verfeinert, indem neben der Tiefe des Atems auch die Dauer des Atemzuges aktiv beeinflusst wird. Wir starten mit einem kurzen Intervall. Atme durch die Nase ein und zähle dabei langsam bis drei. Halte dann den Atem an und zähle in Gedanken langsam: eins. Atme dann durch den Mund aus, während du erneut langsam bis drei zählst. Halte dann wieder auf eins den Atem an.

Variiere die Übung, indem du das Atemintervall auf fünf und später auf sieben erhöhst. Die Pausen erhöhst du entsprechend auf zwei und drei.

Meine Erfahrung ist, dass man mit der Atemübung fast jeden Entspannungszustand noch weiter vertiefen kann – bis zu den sprichwörtlichen Federn im Kopf.

Ach ja, wenn du Einschlafprobleme hast, weil dir die Meinungen anderer im Kopf nachklingen, kann es helfen, im Bett Atemübungen zu machen. Durch den tiefen Atem und die Ruhe, die damit einhergeht, schläft man viel besser ein.

Übung: Assoziationsübung

Und weil wir gerade so schön im Übungsmodus sind, hängen wir gleich noch eine Übung dran: die gute, alte Assoziationsübung. Unter einer Assoziation versteht man das Erste, das einem in den Sinn kommt, wenn man etwas Bestimmtes hört, liest, riecht oder fühlt. Vielleicht verbindest du die Begriffe Seide oder Wolle mit etwas, das sich besonders weich anfühlt. Oder dir drängt sich in Gedanken sofort das Wort „Grillen" auf, sobald du Holzkohle riechst.

Ich gebe dir gleich mehrere Worte vor. Du nimmst das Erste und schreibst deine Assoziation auf, von dieser lässt du dich zur nächsten Assoziation leiten und so weiter, bis dir wirklich nichts mehr spontan dazu einfällt, dann ist die Assoziationskette beendet. Hiernach (oder nach einer Pause, wie du magst) widmest du dich dem nächsten Wort und versuchst wiederum, eine Assoziationskette zu bilden.

Der Clou beim Assoziieren ist nämlich, dass dieses Gedankenspiel dich wunderbar trainiert, alternative Wege zu deinen Zielen zu finden. Sie helfen dir also aktiv, wenn du Problemlösungen finden willst.

Hier sind deine Worte:

Gedanken

Haus

Familie

Frieden

Ruhe

Spaß

Urlaub

Heim

Essen

Spiritualität

Freiheit

Besitz

Unabhängigkeit

Arbeit

KAPITEL 6:

Bedenke, dass du sterblich bist

Auch die hartnäckigsten Vegetarier beißen ungern ins Gras.

Okay, jetzt komme ich nicht mehr drumherum … Als ich am Anfang sagte, das mit „carpe diem“ würde manchmal nerven, habe ich ein wenig geflunkert. Sorry. Aber nur ein klitzekleines Bisschen, ehrlich! Ja, ich finde, dass der Ausdruck heutzutage inflationär gebraucht wird. Leider. Denn dadurch wird ein eigentlich unglaublich guter und wichtiger gedanklicher Kern unnötig „abgenutzt“ – was ich wiederum sehr schade finde.

Aber lass uns doch zum Ausgleich für die kleine „Notlüge“ einfach eine wirklich interessante Übung machen, in Ordnung? Ich verspreche dir, dass du danach einiges in deinem Leben, deine Gefühlslage. sicherlich direkt besser verstehen und einschätzen kannst. Und dabei ist die Übung zudem noch supersimpel und schnell gemacht. Wobei du sie aber natürlich immer mal wieder machen kannst, wenn du sehen willst, ob du dem Federn-im-Kopf-Gefühl schon wieder nähergekommen bist.

Langer Rede kurzer Sinn: Schnapp dir drei verschiedenfarbige Stifte, wenn du die Übung in diesem Buch machen willst. Ansonsten nimm einen großen Bogen Papier und zeichne die folgende Figur darauf und notiere auch die sechs Begriffe an den jeweiligen Stellen.

Übung: Das Lebensrad

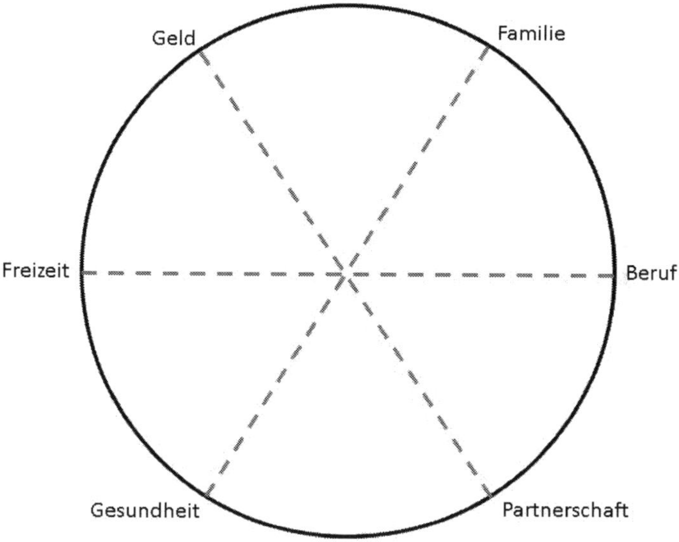

Jetzt ziehst du Linien von jedem einzelnen Begriff/Thema. Ideal ist es, wenn die entstehenden Tortenstücke allesamt möglichst gleich groß sind. Nun zeichnest du auf jeder Linie neun kleine Strichelchen ein (achte auf gleiche Abstände dazwischen!). Die Mitte des Kreises, indem sich alle Linien treffen, ist die 0, der Außenkreis ist die 10.

Schaue dir jetzt die Begriffe an und kreise die für dich wichtigsten Themen mit einem farbigen Stift ein. Keine Angst! Es gibt kein Richtig und Falsch, es ist auch nicht entscheidend, ob du ein Thema einkreist, mehrere oder alle. Mach es so, wie es sich für dich richtig anfühlt.

Nun markierst du mit einem andersfarbigen Stift du auf der Skalierungslinie aller Begriffe, wie zufrieden du mit dem jeweiligen Thema bist. Eine Markierung bei 0 (Kreismitte) würde „total unzufrieden" bedeuten, eine 10 (Kreislinie) „absolut und total zufrieden". Gehe hier bitte komplett spontan vor, überlege nicht lange. Setze einfach aus dem Bauch heraus deine Kreuzchen.

Wenn du das geschafft hast, verbindest du die gesetzten Punkte miteinander. Betrachte die entstandene Figur und frage dich selbst:

Läuft dein (Lebens-)Rad rund?

Womit bist du bereits zufrieden?

Wo gibt es Handlungsbedarf?

Um noch einmal auf meine kleine „Flunkerei" zurückzukommen: Wenn du jetzt dein Lebensrad so vor dir liegen hast, wie oft gab es in deinem Leben Momente, wo du gesagt hast: „Heute schaffe ich es nicht, aber spätestens morgen/nächste Woche/in fünf Jahren mache ich XY …"?

Wir sind alle Weltmeister im Verschieben: Eigentlich wollen wir heute mit den Kindern zum Schwimmen fahren, aber wir müssen länger arbeiten. Wir wollen unsere Eltern besuchen, aber wir sind heute zu müde und am Wochenende ist schon alles voll. Wir träumen von einer Reise um die Welt, aber wir kaufen lieber noch ein paar Schuhe, anstatt das Geld zu sparen. Und vieles mehr. Ich kenne unzählige ältere Menschen, die mit Bedauern auf irgendwas in ihrem Leben zurückblicken, und die Trauer dabei berührt mich immer wieder unglaublich. Je eher wir aber realisieren, dass uns nur eine begrenzte Zeit bleibt, um unsere Träume und Wünsche in die Tat umzusetzen, desto eher schaffen wir es, ein Leben ohne Bedauern zu führen.

Nach einer Phase in meinem Leben, in der mein Lebensrad eher einem Dreieck glich und nur so vor sich hin rumpelte (um es mal freundlich zu formulieren), war für mich eins unumstößlich klar: Wenn ich mal abtrete, will ich nichts bedauern. Das war der Moment, in dem ich mich aktiv entschied, mein Leben zu ändern. Irgendwo in meinem

Hinterkopf spukte dabei noch das berühmte Zitat herum, wonach es niemals zu spät sei, eine glückliche Kindheit zu haben, und ich fragte mich: Wieso sollte das nur für die Kindheit wahr sein?

Seither arbeite ich aktiv daran, mir nachträglich das Leben zu schaffen, das ich schon immer führen wollte. Dabei gibt es für mich keine Grenzen. Wenn Menschen etwas grundsätzlich erreichen können, wieso sollte ich es dann nicht schaffen? Und tatsächlich, es funktioniert! Inzwischen habe ich hinter so vielen Dinge auf meiner persönlichen Bucket-List einen Haken gemacht, dass sich mein Leben richtig gut anfühlt. Daumen hoch, ich kann es nur empfehlen.

Der entscheidende Trick dabei: Bedenke, dass du hier nicht ewig Zeit hast. Schiebe nicht alles immer bis sonst wann hinaus. Tu es oder tu es nicht, verschwende aber bitte nicht deine Zeit. Lebe von nun an im Hier und Jetzt. An der Vergangenheit kannst du nichts mehr ändern, sich jetzt Sorgen zu machen, aufgrund von vergangenen Erlebnissen, bringt nichts und ist nur belastend. Was in der Zukunft passiert, weißt du nicht. Sich jetzt schon Horrorszenarien auszudenken und in ständiger Furcht zu leben, reibt dich auf. Vergangenheit und Zukunft entziehen sich deiner Kontrolle, egal was du versuchst. Es gibt nur eine Lösung: Bleibe in der Realität, sonst entgleitet dir dein Leben. Und das wäre mehr als schade!

> ***Du lebst nur in der Gegenwart, diesem flüchtigen Moment. Der Rest deines Lebens ist bereits weg oder noch nicht enthüllt.***
>
> ***- Marcus Aurelius***

Wenn du in der Gegenwart bleibst, bist du dazu in der Lage, dein Leben zu G E N I E ß E N ! Genau. Wenn du dir mal wieder Sorgen um Sachen in der Zukunft machst oder überlegst, was du in der Vergangenheit anders gemacht hättest, bist du schlicht und ergreifend viel zu abgelenkt, um zu registrieren, was jetzt gerade passiert und wie gut es sich vielleicht anfühlt. Stell dir mal vor: Du bekommst eine wunderbare Hot-Stone-Massage mit dem sensationellsten Aromaöl oder darfst bei der Filmpremiere von Matrix 4 Keanu Reeves höchstpersönlich die Hand schütteln oder schlürfst mit Jean-Luc Picard himself einen Earl Grey (heiß), bist aber genau in dem Moment nicht bei der Sache. Drama!

Und in unserem Alltag ist das genauso. Du verpasst einfach das Schönste, wenn du nicht in der Gegenwart bleibst, sondern überlegst, dass du ja noch einkaufen musst, nächste Woche den Sperrmüll nicht verpassen solltest und eine wichtige Konferenz ansteht. Außerdem musst du dich noch über die falsche Rechnung von letzter Woche beschweren ... Wenn deine Gedanken am „Rattern" sind, wirst du das spontane Lächeln einer Kassiererin im Supermarkt verpassen, der du einen schönen Tag wünschst, oder eine unerwartete Umarmung von jemandem nur halbherzig entgegennehmen, der dir sehr am Herzen liegt. Solche kleinen Momente sind es, die uns das Leben versüßen; aber du bemerkst sie nur und kannst sie als „Kraftreserven" nutzen, wenn du sie bemerkst. Und das geht nur, wenn du im Hier und Jetzt bleibst, wenn du präsent bist in deinem Leben.

Ich schätze, jetzt habe ich dich überzeugt, oder?

Übung: Eine kleine Frage …

Überlege bitte mal, was du bisher erreicht hast, indem du an die Vergangenheit oder Zukunft gedacht hast.

Im Hier und Jetzt leben hat allerdings noch mehr Konsequenzen: Du wirst nämlich aufhören, insgeheim deine aktuellen Erfahrungen mit Erlebnissen in deiner Vergangenheit zu vergleichen. Du wirst deinen Körper und seine Bedürfnisse viel intensiver wahrnehmen und dann natürlich auch mehr auf ihn hören. Wenn du beispielsweise schlapp oder erschöpft bist, gönnst du dir eher eine Auszeit und gehst nicht permanent über deine Leistungsgrenzen hinaus. Das reduziert deutlich das Risiko eines Burn-outs. Und ein weiterer, ganz wesentlicher Faktor: Wir hören endlich auf, unsere Träume permanent auf später zu verschieben, sondern beginnen, an ihrer Verwirklichung zu arbeiten.

Wieso leben nicht alle im Hier und Jetzt?

> ***Das Gras wird gebeten, über die Sache zu wachsen! Das Gras bitte!***

Wenn die Vorteile des Lebens im Hier und Jetzt so deutlich auf der Hand liegen, warum machen wir das denn nicht? Wenn du das gerade überlegst, muss ich sagen: Chapeau! Berechtigte Frage! Tatsächlich gibt es mehrere Sachen, die uns daran hindern, dies ab sofort umzusetzen.

Unglaublich viele Menschen sind Perfektionisten. Ich weiß nicht, ob das alles die Kinder sind, denen man früher sagte, dass sie nur dann spielen dürfen oder dass nur dann morgen die Sonne scheint, wenn sie ihren Teller leer gegessen haben. Fakt ist, dass die meisten unfassbar hohe Ansprüche an sich selbst stellen und sich nur dann eine Belohnung in irgendeiner Form gönnen, wenn sie etwas außergewöhnlich gut erledigt haben. Darunter geht es nicht, das zählt nicht. Insofern sind sogar Pausen etwas für „Schwächlinge". Na ja.

Viele Menschen halten sich selbst aber auch für so minderwertig, dass sie zutiefst davon überzeugt sind, es gar nicht zu verdienen, wenn es ihnen gut geht. Deshalb stehen sie ständig unter Strom und verlangen von sich selbst Höchstleistungen. So, als würden sie noch immer versuchen, mit einer Eins in der Klassenarbeit nach Hause zu kommen, um endlich von den Eltern gelobt zu werden. Nur dass vielleicht die Eins heute ein besonderer Erfolg im Job ist. Manche Menschen vergleichen sich aber auch permanent mit anderen und haben dabei stets den Eindruck, nicht genug zu tun. In ihrem Nacken sitzt ein kleiner Gremlin, der ihnen ständig ins Ohr flüstert, sie wären immer noch nicht gut genug …! Sie definieren den eigenen Wert als Mensch lediglich über eine messbare Leistung. Etwas, das unglaublich belastend ist. Eine weitere Variante hiervon sind Leute, die sich selbst nicht vertrauen und fürchten, sich falsch zu entscheiden, oder denken, sie wären nicht in der Lage, etwas zu schaffen.

Es kann aber sein, dass jemand sich ständig und immer wieder einen vermeintlich schweren Fehler aus der Vergangenheit vorwirft und diesen wieder und wieder durchkaut – in der Hoffnung, so eine späte Lösung dafür zu finden. Sie geht gerne in der fatalen Kombination einher, um sich vor dem Kommenden zu fürchten. „Werde ich es hinkriegen und bewältigen?“, lautet eine typische Frage von Personen, denen die Ungewissheit zu schaffen macht.

Vielleicht aber lebst du nur für deine Pflichten und bist ständig dabei, von Aufgabe zu Aufgabe zu hetzen, mit der festen Überzeugung, keine Zeit zu haben, um durchzuschnaufen und nachzudenken.

Zu einer wahren Zwickmühle kann es sich entwickeln, wenn du Verantwortung für andere übernimmst. Es ist einerseits großartig und lobenswert, sich um Menschen zu kümmern, die das vielleicht selbst nicht mehr in vollem Umfang können, doch allzu oft verliert man sich dann selbst. Gerade in einer solchen Konstellation ist es von größter Bedeutung, sich nicht selbst zu verlieren.

Hokus-Pokus … Fokus!

> *Ich brauche einen neuen Kopf. Der alte denkt zu viel.*

Falls du jetzt innerlich mit den Hufen scharrst und denkst: „Meine Güte, jetzt sag doch schon endlich, wie ich es schaffe, mehr in der Gegenwart zu leben!“, mache ich es mal wie der Zauberer im Zirkus: Ich ziehe meinen Zylinder vom Kopf, bitte meine bezaubernde Assistentin, mir ein buntes Seidentuch zu bringen, während das Orchester eine treibende, spannende Melodie spielt. Das Tuch decke ich über das Innere des auf den Kopf gestellten Zylinders … Tusch! Ich ziehe das Tuch weg und zaubere ein weißes Kaninchen heraus. Tadaaa!

Jetzt mal im Ernst: Ich verrate dir natürlich gerne, wie es dir wirklich gelingt, von nun an im Hier und Jetzt zu leben. Wobei du den Trick eigentlich schon längst kennst.

Lebe achtsam.

Ja, wirklich. Achtsamkeitsübungen sind die ultimative Lösung, falls deine Gedanken mal wieder sonst wohin schwirren oder du dich wieder von irgendwas hetzen lässt. Das Wunderbare ist, dass du immer und überall die Möglichkeit hast, deinen Fokus achtsam auf etwas zu richten. Etwa wenn du etwas isst, wenn du gehst oder sitzt; welche Empfindungen signalisiert dir dein Körper JETZT? Du kannst auch die Wolken oder die Bäume beobachten, auf die Geräusche um dich herum lauschen. Sogar wenn du schlaflos im Bett liegst und das Gedankenkarussell wieder auf wilder Fahrt ist, hast du die Option, einen Body Scan zu machen und einmal achtsam in jeden Teil deines Körpers hineinzufühlen. Du wirst überrascht sein, wie schnell deine Gedanken zur Ruhe kommen – einfach, weil du dich auf das konzentrierst, was du gerade fühlst. Wärme oder Kälte, das Bett unter dir, die Decke über dir.

Oder du kannst einmal den Stimmen in deinem Kopf zuhören – aber nicht so, wie du es bislang getan hast! Höre, was sie zu sagen haben, aber lausche ihnen wie ein unbeteiligter Beobachter. Vielleicht hilft es, wenn du als Beobachter auf einer Anhöhe sitzt und der Unterredung der anderen zuhörst. Was hat dein innerer Kritiker zu sagen, was das innere Kind? Welche Stimmen melden sich außerdem zu Wort?

Letztlich ist es nur ein kleiner Kniff oder Trick, den du anwenden musst, um sofort wieder in die Gegenwart zurückzugelangen. Idealerweise kombinierst du die Achtsamkeitsübungen mit der Stopp-Technik. Die ist herrlich simpel, aber zugleich sehr wirksam. Sobald du dich dabei ertappst, dass deine Gedanken wieder auf große Tour gehen wollen, sagst du einfach laut und energisch zu dir selbst: „STOPP!" Optimalerweise wird das Kommando von etwas begleitet, das vollkommen ungewöhnlich für dich ist und dich aus dem Konzept reißt. Sei kreativ! Falls niemand zusieht, könntest du beispielsweise laut quaken wie ein Frosch und im Froschgang rumwackeln. Oder du singst „Hänschen klein" und reibst dir dabei den Magen, als hättest du etwas Leckeres gegessen. Was auch immer. Natürlich kannst du das Ganze auch abwandeln, etwa indem du dir das Stoppschild nur vorstellst oder es ausgedruckt in der Tasche mit dir herumträgst. Es ist ebenfalls möglich, das Stoppschild durch ein Gummiband am Handgelenk zu ersetzen, dass du immer kurz flitschen lässt, wenn du einen Grübel-Stopp brauchst. Das Zwicken holt dich garantiert in die Gegenwart zurück und lässt sich sogar in wichtigen Meetings machen. Falls du jemand bist, der es selbst spät merkt, wenn Gedanken mal wieder auf und davon sind, solltest du vielleicht überlegen, ob du dir einfach zwanzig bis dreißig knallige Stoppschilder ausdruckst und sie überall anklebst, wo du am Tag vorbeikommst. So wirst du immer wieder automatisch erinnert und kannst checken, ob deine Gedanken vielleicht doch gerade entglitten sind, und bei Bedarf gleich aktiv werden.

Falls du nicht so der Typ für Stoppschilder oder Gummibänder bist, habe ich noch eine wunderbare „Allzweckwaffe“, mit der du unglaublich viele sorgenvolle, in die Zukunft gerichtete Gedanken schlagartig entkräften kannst. Du brauchst lediglich das wunderbare, kleine Wörtchen „sonst“.

Im Ernst!

Fünf Buchstaben reichen aus und alles kann sich komplett ins Positive drehen. Oh, bitte entschuldige, das klingt jetzt fast ein bisschen so wie in den Dauerwerbesendungen aus dem US-amerikanischen TV. Wenn sich bewegende Fische als Katzenspielzeug an den Mann oder die Frau gebracht werden sollen oder Pfannen oder Lichtschalter per Händeklatscher ... Ein „Face Palm“ wäre jetzt fast angebracht, aber mal ganz davon ab ist die Sache mit dem „schon“ wirklich klasse – und vor allem einfach.

Falls du das nächste Mal vor einer Situation stehst, die dir Magenschmerzen macht, solltest du dem Trick eine Chance geben. Vielleicht taucht dann plötzlich in deinem Kopf der Gedanke auf:

Was ist, wenn ich das nicht schaffe?!?

Mit entsprechenden Horror-Bildern.

Dann baust du einfach ein „schon“ ein und schaust, ob sich etwas verändert. Also:

Was ist **schon**, wenn ich das nicht schaffe?

Damit werde ich fertig!

Ja, was ist **schon** dabei, wenn du dich nicht traust, die Autobahn bei der nächsten Dienstreise zu benutzen? Dann fährst du eben die Bundesstraße. Na und? Was ist **schon** dabei, wenn du einen Vortrag vor Abteilungsleitern halten sollst? Das bekommst du hin!

Ich denke, du hast den Kniff verstanden. Und sobald du besser darin geworden bist, die Meinungen auszuschalten, Dinge auf das Wesentliche zu zerlegen und den unemotionalen Blick draufhast, brauchst du nicht einmal mehr diesen Mini-Lifehack.

Was du heute kannst besorgen, dass …

Kann man machen, muss man aber nicht.

… verschiebe nicht auf morgen, empfiehlt ein altes Sprichwort. Und es gehört zu den sinnvollsten, die ich kenne. Vor dem Hintergrund, dass wir alle nicht ewig Zeit haben, kommt es hervorragend auf den Punkt. Allerdings unterschätzen viele, was uns diese Redewendung eigentlich zu sagen hat. Du solltest es dir beispielsweise zur Angewohnheit machen, JETZT den Menschen, die du liebst, genau das auch zu sagen. Verschiebe es nicht auf irgendwann, wenn es gerade besser passt; wer weiß, ob dieser Moment überhaupt jemals kommt. Decke den Tisch mit dem teuren Geschirr – und erfreue dich an dem Anblick. Gönne dir Auszeiten und rackere nicht nur bei der Arbeit. Genieße den Sonnenuntergang mit einem Glas Prosecco in der Hand und denke nicht schon wieder an die Waschmaschine. Sage Danke, wenn dir jemand etwas Gutes getan hat, sei hilfsbereit (ohne dich selbst aufzugeben) und ganz wichtig: verzeihe! Wir alle haben die Tendenz, Leuten, die uns geärgert haben, noch bis in alle Ewigkeit gram zu sein. Um dann womöglich sogar die Straßenseite zu wechseln, wenn sie uns zufällig begegnen (bekanntlich begegnet man ja jedem mindestens zwei Mal). Ganz ehrlich, verschwende mit so etwas nicht deine kostbare Zeit. Verzeihe ihnen und hake die Sache für dich ab. Dann kannst du dich wenigstens wieder auf Dinge und Menschen fokussieren, die wichtig sind und die es zu schätzen wissen.

Um mehr Zufriedenheit und Gelassenheit in dein Leben zu bringen und über die weniger angenehmen Seiten mit einem kleinen Augenzwinkern hinwegzulächeln, solltest du dich übrigens unbedingt auch mit deinen Träumen, Wünschen und Zielen auseinandersetzen.

Wo willst du hin? Wonach sehnst du dich wirklich?

Übung: Ziele definieren

Mache dir einen Plan. Also einen richtigen. Überlege zuerst, wo du in fünf Jahren stehen willst. Umreiße dabei dein großes Ziel und überlege dir auch, wie du dich fühlen wirst, wenn du es erreichst. Du kannst auch ruhig ein paar mehr Ziele definieren, etwa so:

„In fünf Jahren wohne ich in einem Haus mit Garten. Es fühlt sich großartig an, das eigene Gemüse zu säen, zu pflegen und zu ernten. Ich ernähre mich viel gesünder und habe etwas Gewicht verloren. Beruflich habe ich weniger Stress und kann meine Kreativität und meine Ideen besser einbringen. Die Arbeit macht mir Spaß und ich habe freundschaftliche Beziehungen zu meinen Kollegen. Wir sind füreinander da und unterstützen uns gegenseitig. Genauso nehmen wir auch Anteil am Leben der Anderen."

Setze dich nicht selbst mit einer zu hochtrabenden Formulierung unter Druck, sondern formuliere nur das eigentliche Ziel, das Gefühl, das du haben wirst. Ich habe beispielsweise zu konkretes vermieden. Ich habe nicht geschrieben, dass die aktuelle Firma diese Lösung haben will. Definiere nur das Ziel, aber nicht den Weg. Denn wenn du dich auf einen Weg versteifst, wird dein Unterbewusstsein meckern und unzufrieden sein, wenn du das Ziel möglicherweise über einen anderen Weg erreichst.

Nach dem fünf Jahresplan definiere weitere Ziele, vielleicht handelt es sich ja auch um Zwischenziele auf dem Weg zur Erreichung deines ganz großen Traumes. Wo willst du in einem Jahr stehen? Wo in einem halben Jahr, wo in einem Monat? Bleibe dabei immer realistisch. Was ist ein Ziel, dass du erreichen kannst und mit dem du zufrieden wärst?

„Ich habe bis Ende des Jahres abgenommen und fühle mich wohl in meiner Haut. Durch das Abnehmen habe ich wieder mehr Spaß an Bewegung und gehe gerne spazieren."

oder

„In einem Monat habe ich mir Zeit für mich genommen und eine Entspannungstechnik ausprobiert."

Das ist ein großartiges Ziel: sich Zeit für sich selbst nehmen und etwas zur Entspannung ausprobieren. Es gibt sehr viele Entspannungstechniken, Meditation, Tai-Chi, progressive Muskelentspannung, ein Spaziergang oder Schwimmen – alles ist wunderbar und eine gute Idee. Es gibt auch Menschen, die entspannen, indem sie sich einfach in die Badewanne legen, Kerzen, ein Glas Wein und ein gutes Buch.

So, und nun leg los! Formuliere deine persönlichen Ziele, die deine Seele glücklich machen. So konkret wie nötig und so offen wie möglich. Etwas träumen ist natürlich erlaubt, aber je realistischer diese Ziele sind, desto eher hast du die Chance, sie zu erreichen. Ein Flug auf den Mond wäre natürlich großartig, ist aber voraussichtlich noch für einige Jahre außerhalb unserer Möglichkeiten. Auch Beamen wird (noch) nicht klappen, aber darüber hinaus gibt es jede Menge Wunderbares, was sich zu erreichen lohnt. Und das gibt dir wiederum einen enormen Energieschub. Garantiert.

Wie soll ich leben?

Mein Arbeitsplatz ist sicher. Niemand will ihn.

Es gibt Menschen, die stellen sich die Frage „Wie soll ich mein Leben führen?“ gar nicht. Sie leben einfach und versuchen, jeden neuen Tag irgendwie in den Griff zu bekommen. Diese Leute stolpern von einer Situation zur nächsten und hecheln ihrem Schicksal immer hinterher. Kann man machen, muss man aber nicht. So eine Lebensführung funktioniert nur, wenn du keinen Gedanken daran verschwendest, dass dir nur eine begrenzte Zeit auf dieser quietschblauen Kugel im Weltall bleibt. Allerdings kann das Aufwachen aus diesem Trott echt ein herber Schlag sein.

Andere Personen stellen sich die Frage viel zu oft – und blockieren sich komplett selbst. Denn natürlich kannst du dir für alles einen Plan machen, aber irgendwann solltest du rausgehen und einfach … leben. Sonst verpasst du das

Beste. Auch schade, finde ich jedenfalls. Immerhin gibt es da draußen nette und faszinierende Menschen, mit denen man großartige, bereichernde Gespräche führen kann. Es gibt einzigartige Landschaften, Literatur, Architektur und, und, und. Die Realität hat unfassbar viel zu bieten und ich für meinen Teil möchte so wenig wie möglich davon verpassen.

Wie bekomme ich alles unter einen Hut? Die Lösung, wenn man es mal so nennen will, ist das, was die antiken Philosophen als „tugendhaftes" Leben bezeichneten.

Ich weiß, das klingt nun wirklich absolut unsexy. Tugendhaft … schon das Wort ist derart aus der Mode, dass es sich bereits beim Lesen der Buchstaben ein wenig so anfühlt, als hätte man herzhaft in eine Zitrone gebissen. In eine ziemlich große und sehr saure. Und, bitte schön, wie passt das denn damit zusammen, dass wir ja alle im Hier und Jetzt präsent bleiben und das Leben genießen sollen?

Tugend hat für uns heutige Menschen tatsächlich einen so richtig schön moralinsauren Nachgeschmack, wobei ich dir ja oben schon genauer beschrieben habe, welche Qualitäten oder Eigenschaften ich eigentlich damit meine. Tugendhaft waren vor Jahrhunderten die zimperlichen Fräuleins, die schamhaft ihre Knöchel bedeckten, damit kein Mann sie erspähen konnte. Mit ihrem Spitzentüchlein bedeckten sie vornehm das schmale Mündchen, wenn jemand etwas Unanständiges sagte. Tugend und Keuschheit gehen zudem für viele Leute geradezu Hand in Hand. So jedenfalls unser modernes Verständnis.

Was du hier wunderbar beobachten kannst, ist die Tatsache, dass Wörter über die Zeit hinweg durchaus manchmal einen Bedeutungswandel erleben. Darüber hinaus bleibt der Inhalt manchmal der gleiche, jedoch ändert sich die Einstellung zu den Inhalten. Pünktlich zu einem Termin zu kommen, wird oftmals als echte Tugend gesehen. Immerhin signalisiert dies dem anderen Menschen gegenüber eine Form der Wertschätzung. Dass inzwischen zu pünktlich zu kommen, wird in manchen Kreisen als pingelig gesehen. „Fünf Minuten früher oder später, davon geht doch die Welt nicht unter!“, heißt es dann. Oder es wird geschimpft, man wolle sich dem Diktat der Uhr nicht unterordnen.

Ähnlich wie der Pünktlichkeit erging es dem zuletzt schönen Wort „Tugend“. Es hat inzwischen etwas Altmodisches an sich, wirkt betulich wie die altdeutsche Schrankwand und die Häkeldeckchen im Wohnzimmer von Oma und Opa. Nichtsdestotrotz steckt hinter den Tugenden ein grundlegend wichtiger Gedanke: Es handelt sich nämlich unter dem Strich um nichts anderes als um positive Eigenschaften oder auch Werte, ohne die nichts geht. Und die sind seit über zweitausend Jahren nach wie vor brandaktuell.

Um ein Leben mit Federn im Kopf zu führen, das erfüllt ist von Zufriedenheit und Gelassenheit, sind diese Werte entscheidend:

- Mut
- Selbstbeherrschung
- Gerechtigkeit
- Weisheit

Ohne diese vier Werte geht es nicht, ohne sie funktioniert kein Zusammenleben mit anderen.

Mut

Es gibt immer wieder Internet-Memes, die behaupten, dass es schon eine ganze Menge Mut brauche, um morgens aufzustehen und in den Tag zu starten. Ganz so schlimm ist es nun nicht, aber wir werden immer wieder mit Situationen und Ereignissen konfrontiert, bei denen es ohne eine gehörige Portion Mut einfach nicht funktioniert. Denn immer wieder tauchen Probleme auf – und wir müssen uns dann entscheiden: Geben wir auf oder kämpfen wir, um das Problem in den Griff zu bekommen und zu überwinden? Manchmal handelt es sich um Situationen, oft genug sind es aber Auseinandersetzungen mit anderen Menschen. Nur wenn du mutig genug bist, wirst du dich in einem Meeting zu Wort melden und deine Anregungen oder Bedenken vorbringen. Nur wenn du mutig bist, wirst du Verantwortung übernehmen – für dich selbst und auch für die Gesellschaft. Mut zu haben, ist unglaublich wichtig, um sich nicht überrollen zu lassen von Unannehmlichkeiten, widrigen Umständen oder Gegnern. Zudem wirst du Schicksalsschläge oder Unglücke niemals überstehen, wenn du nicht über Mut verfügst. Nur mit Mut, der mit Selbstbewusstsein einhergeht, ist ein Leben möglich, mit dem du für dich und das Wohl der Gesellschaft einstehst. Wenn du den Mut in dir findest und für dich einstehst, kommen sorgenvolle Gedanken und Grübeleien zum Stillstand. Mut hilft dir, bei Bedarf über dich selbst hinauszuwachsen, und gibt dir Zuversicht.

Wer jetzt denkt, dass Mut alles ist und von nun an einfach alles ohne Rücksicht auf Verluste ausprobiert, ist allerdings auch auf dem falschen Dampfer. So ziemlich alle guten Eigenschaften können nämlich ins Gegenteil kippen, wenn du es übertreibst. So kann es etwa passieren, dass der gesunde Mut mit einem Mal zu Rücksichtslosigkeit wird und du mit einem Mal über die Stränge schlägst. Das kann so weit gehen, dass du dein Leben oder das anderer in Gefahr bringst. Die andere Seite der Medaille wäre Feigheit, also viel zu wenig Mut, wenn es darauf ankommt. In diesem Fall würdest du allen Anforderungen aus dem Weg gehen und dich vielleicht im Extremfall zu Hause unter der Bettdecke verkriechen und nicht mal mehr an die Tür gehen, wenn es klingelt.

Selbstbeherrschung/Mäßigung

Nein, weder das eine noch das andere ist richtig. Aber die berühmte „goldene Mitte" bekommst du nur hin, wenn du über eine ordentliche Portion Selbstbeherrschung – oder Mäßigung – verfügst. Der etwas in die Jahre gekommene Begriff Mäßigung bringt es hervorragend auf den Punkt: Um dir oder anderen nicht zu schaden, solltest du nichts im Übermaß tun. Und das bedeutet: Das Richtige tun auf die richtige Art und Weise mit dem richtigen Maß.

Was heißt das konkret? Genieße dein Leben, aber übertreibe es nicht. Weder Exzesse sind eine gute Idee noch ständiges sich selbst Kasteien und alles verkneifen. Wenn dich einer ärgert, macht es keinen Sinn, ihn zu beschimpfen. Aber auch einfach wegzugehen und ihn stehen zu lassen, ist vielleicht nicht die optimale Lösung. Nichts im Übermaß!

Gerechtigkeit

Das Richtige zu tun, ist entscheidend, um ein Leben im Einklang mit sich selbst zu führen. Setze dich für Gerechtigkeit ein, verteidige Menschen und sinnvolle

Ideen. Sei idealistisch und lasse nicht zu, dass Schlechtes oder Falsches immer mehr Oberwasser bekommt. Glaube daran, dass auch du, ein einzelner Mensch, einen Unterschied machen kannst.

Und last but not least:

Weisheit

Du hast bei den drei vorigen Punkten bereits gesehen, dass es immer auch darauf ankommt, Entscheidungen zu treffen. In welchen Situationen ist dein Mut gefragt und wann schadet er vielleicht nur? Wann solltest du dich für Gerechtigkeit einsetzen und wann eher nicht? In welcher Dosierung? Und wie kannst du dir sicher sein, die Situation oder den Menschen richtig einzuschätzen, sodass du eine gute Entscheidung triffst? Genau aus diesem Grund ist Weisheit ein so unendlich wichtiger Wert. Ohne sie funktioniert ebenfalls nichts und es ist eigentlich unmöglich, vernünftig durch das Leben zu steuern.

Weise wirst du, indem du dir Wissen aneignest: einerseits durch Lernen und andererseits, indem du Erfahrungen machst. Deshalb mein Rat: Beobachte und höre zu. Klaue mit den Ohren und Augen. Beides ist wesentlich nützlicher, wenn es um Weisheit geht, als selbst zu reden …

Nutze jede Gelegenheit, um zu lesen und zu trainieren. Aber prüfe die Informationen unbedingt gründlich, ehe du sie übernimmst. Gerade in der heutigen Informationsgesellschaft mit der unglaublichen Vielfalt an Medien kann man es nicht oft genug betonen: Suche dir exzellente, vertrauenswürdige Lehrer und folge nicht der Meinung Einzelner, die vielleicht ein Video bei YouTube hochgeladen haben.

Stell dir einmal vor, wie es ist, ein solches Leben zu führen? Du verfügst über unerschütterliches Selbstbewusstsein, vertraust deinen Fähigkeiten und Entscheidungen und weißt, welche Menschen oder Gedanken dich aufbauen, wenn es vielleicht gerade mal nicht ganz so rund läuft. Falls dich jemand ärgert, kannst du gelassen darüber hinweg lächeln, denn anstatt dich aufzuregen, gehst du in deinem tiefsten Inneren einfach auf die Anhöhe und staunst über dieses merkwürdige Wesen aus Wasser und Proteinen. Und als i-Tüpfelchen setzt du dich von nun an für die Dinge ein, die du als richtig und wichtig erkannt hast, und verfolgst deine Ziele. Vielleicht ist es der Klimaschutz, der dir am Herzen liegt, oder du übernimmst ein Ehrenamt und stehst Menschen zur Seite, die Schutz und Hoffnung brauchen oder …

Ist das nicht genau das sinnvolle Leben, nach dem alle immer suchen? Und du bist so kurz davor!

„Wenn Sie irgendwann in Ihrem Leben auf etwas Besseres stoßen sollten als Gerechtigkeit, Wahrheit, Selbstbeherrschung, Mut - es muss in der Tat eine außergewöhnliche Sache sein."

- Marcus Aurelius

KAPITEL 7:

Loslassen hilft!

Ich bin meinen Weihnachtsspeck losgeworden. Jetzt habe ich Frühlingsrollen.

Es ist Zeit für ein Geständnis, nachdem wir nun schon so viel Zeit miteinander verbracht haben: Ich habe wirklich lange überlegt, ob ich diese Überschrift so stehen lasse. Nicht nur, weil sich mir eben plötzlich, als ich sie so schwarz auf weiß dastehen sah, das Bild eines Bergsteigers aufdrängte, der nur noch mit einer Hand an einer Klippe hängt. Nein, sondern auch, weil in den letzten Jahren die Sache mit dem Loslassen generell so inflationär gebraucht wurde und noch immer wird. Leider!

Ständig ist die Rede davon, man müsse irgendetwas loslassen. Wenn es um irgendwas Esoterisches geht oder wenn sich mal wieder Befürworter des Minimalismus zu Wort melden. Die einen wollen, dass man sich irgendwie vom Irdischen abwendet (idealerweise, indem man teure Kurse bei ihnen bucht ...), die Minimalisten dagegen kritisieren den gesamten Konsum und finden, dass wir sowieso viel zu viel mit uns herumschleppen. Bei beiden Ansätzen regt sich bei mir instinktiv ein gewisser Widerspruch, zumal ich ein Mensch bin, der sich gerne mit Dingen umgibt, die schöne Erinnerungen hervorrufen. Etwa ein Tuch, das ich in einem winzigen Nest in der Sahara gekauft habe, eine kleine Marmorstatue aus Rom, eine Grafik aus Athen, ein Andenken an einen Urlaub mit meinen Eltern und so weiter. Ein Blick oder eine Berührung dieser Dinge oder Bilder zaubert jedes Mal ein Lächeln auf mein Gesicht, weshalb ich mir diese Erinnerungsstücke nicht nehmen lassen will. Außerdem ist mein Zuhause groß genug.

Andererseits hat das Loslassen durchaus einen positiven Effekt. Manchmal hängt man an Ideen oder Wünschen, die sich nicht verwirklichen lassen und einen deshalb mittelfristig mehr frustrieren, als dass sie guttun. Manche dieser Wünsche oder Sehnsüchte können einen deshalb sogar regelrecht hemmen, wenn man sich so schwertut, sie loszulassen. Aber wenn du dies tust, entsteht Freiraum für Neues, neue Chancen und Möglichkeiten. Und die tun dir vielleicht nicht nur gut, sondern beflügeln dich regelrecht.

Das ist absolut richtig, darüber braucht man gar nicht diskutieren. Zumal es genauso vorkommen kann, dass wir an unguten Leidenschaften festhalten oder sogar an Ängsten, einfach weil wir sie so gewohnt sind. Ich habe es bereits erlebt, dass einige Menschen sich selbst über ihre Leidenschaften oder Ängste definieren. Diese aufzugeben, würde einem Verlust des eigenen Selbst gleichkommen. Wer bin ich denn noch (Außergewöhnliches), wenn ich nicht mehr meine exklusive Phobie habe? Wenn wir mal rational herangehen, ist auch eine Phobie ein „Alleinstellungsmerkmal" und kann Mitmenschen manipulieren. Schließlich wird besonders Rücksicht auf die betroffene Person genommen, sie hat immer etwas zu erzählen und steht auch seltener im Abseits. Wobei ich unbedingt betonen möchte, dass nicht jeder Phobiker seine Angst instrumentalisiert! Es ist höchstens so etwas wie ein zufälliger Nebeneffekt mit Potenzial.

Fakt ist allerdings, dass wir unseren Fokus oft auf Dinge richten, die wir gar nicht beeinflussen können. Etwa den Lauf der Welt. Wir haben es lediglich in der Hand, unsere jeweilige Reaktion auf die Ereignisse sowie uns selbst zu ändern.

Falls das jetzt fast ein wenig buddhistisch klingen sollte, gibt es nur eine richtige Antwort: ja – und nein. Auch im Buddhismus wird gefordert, dass Menschen loslassen, aber eben wirklich alles. Das betrifft sogar das Begehren, was wiederum ein entscheidender Aspekt des Menschseins ist. Denn wenn wir kein starkes Verlangen mehr haben, etwa nach Liebe, nach politischen oder gesellschaftlichen Idealen, was bleibt denn dann noch? Begehren ist der Aspekt, der uns vorantreibt, die Dinge und auch die menschliche Gesellschaft besser zu machen. Und sollten wir Wünsche und Ideale wirklich aufgeben? Bitte nicht.

Allerdings lohnt es sich durchaus, immer mal wieder die Aspekte des eigenen Lebens auf den Prüfstand zu heben und zu schauen, was in unserem Leben bleiben darf, weil es uns guttut, und was weg kann.

„Wie entbehrlich viele Dinge unseres täglichen Gebrauchs sind, das erkennen wir oft erst an dem Tag, an dem wir sie zum ersten Mal haben entbehren müssen. Denn wir hatten uns daran gewöhnt, sie zu gebrauchen, nicht weil wir ihr tatsächlich bedürfen, sondern lediglich, weil wir sie besaßen. Wie viele Dinge aber schaffen wir uns erst noch an, weil andere sie sich vor uns angeschafft haben, weil sie bei den meisten bereits herumstehen!“

- Seneca, Briefe an Lucilius

Spätestens wenn es um unseren aktuellen Konsumwahn geht, ist Loslassen aber wirklich eine echte Befreiung. Verabschiede dich von den ganzen Dingen, von denen dir die Werbung eingeredet hat, dass du sie unbedingt und auf jeden Fall haben musst. Ab mit unzähligen Plastikbehältern, die angeblich so unglaublich praktisch sind, aber bei denen du die Deckel schon nicht mehr zuordnen kannst. Ist es wirklich nötig, immer das neueste Smartphone oder den neuesten Laptop zu haben? Reicht nicht auch das Auto, mit dem du schon zuverlässig eine ganze Weile unterwegs bist? Ist es dringend erforderlich, dass du immer up to date bist in Sachen Mode? Geht es ohne einen trendigen Haarschnitt wirklich nicht? Die Liste lässt sich nahezu unendlich verlängern. Und diese Überzeugungen zu entsorgen, ist eine echte Verbesserung – für dich und deinen Geldbeutel. Immerhin kaufen wir oft genug auf Pump und nehmen Kredite auf, nur um Bedürfnisse zu befriedigen, die wir ohne umfangreiche Marketingaktionen und Werbestrategien höchstwahrscheinlich gar nicht hätten. Dies alles hilft uns nicht weiter – jedenfalls nicht in Bezug auf die wichtigen Dinge im Leben.

Entrümpele ruhig bei Gelegenheit mal deine persönliche innere Agenda in Bezug auf Träume und Wünsche, bevor sie dich blockieren oder du dich in etwas verrennst. Wenn du mit 60 noch keine schwere Dressur mit deinem Pferd gewonnen hast, ist es unwahrscheinlich, dass da noch viel kommt. Aber möglicherweise gibt es ja jemand Jüngeren, dem du mit deiner Erfahrung beim Erreichen dieses Zieles helfen kannst? In Bezug auf die berufliche Karriere ist eine gelegentliche Selbst-Überprüfung sogar ganz besonders wichtig. Niemand muss Karriere machen! Aber achte darauf, einen Job zu finden, bei dem du authentisch sein kannst und der zu deinen Zielen passt. Und wenn der aktuelle es nun einmal nicht ist, dann entwerfe einen realistischen Schlachtplan, mit dem du nachsteuern kannst. Niemand kann uns zwingen, Meinungen anzuhängen, die uns unglücklich machen. Aber unser gesamtes Erleben basiert letztlich auf Meinungen – die der anderen und unseren eigenen. Mach dir das bewusst, verwechsele diese Dinge nicht, und befreie dich davon. Lasse die Meinungen los. Kleine Schritte zu machen ist vollkommen in Ordnung, nähere dich deinem Ideal in deinem Tempo. Bleibe geduldig mit dir. Probleme sind nur dazu da, damit du sie lösen kannst – egal, wie viel Zeit du dafür benötigst.

SCHICKSALSSCHLÄGE ÜBERSTEHEN

Es gibt Momente im Leben, die uns die Fassung rauben, egal wie sehr wir uns darum bemühen, sie zu wahren. Einen lieben Menschen zu verlieren, ist unglaublich schmerzhaft und trifft uns im innersten Mark. Aber auch eine Trennung reißt eine tiefe Wunde und der Verlust der Arbeitsstelle kann eine existenzielle Bedrohung darstellen. Darüber hinaus können Naturkatastrophen – vom Hochwasser bis zum Orkan – ein gravierender Einschnitt sein, weil man plötzlich wieder bei null anfangen muss. In solchen Momenten ist es unglaublich schwer, nicht zu verzweifeln.

Sich auf solche Situationen vorzubereiten, ist nahezu unmöglich. Selbst wenn man lange Kurse nehmen würde, träfen sie uns doch unvorbereitet. Der Schock über den Verlust ist einfach zu groß.

„Nicht die Dinge selbst, sondern die Meinungen über die Dinge beunruhigen die Menschen. So ist zum Beispiel der Tod nichts Schreckliches, sondern die Meinung über den Tod, dass er etwas Schreckliches sei, das ist das Schreckliche."

- Epiktet

Behalte trotz aller Trauer das Bewusstsein im Hinterkopf, dass das Leben sich in einem beständigen Wandel befindet. Versuche, dich mit deinem Verstand darauf einzustellen, dass es nicht immer so bleibt wie in diesem Moment – im Guten wie im Schlechten. Irgendwann werden auch deine dunkelsten Stunden vorbei und vergessen sein, garantiert. Es entspricht dem natürlichen Lauf des Lebens und den können wir nun einmal nicht ändern; das liegt nicht in unserer Macht. Deshalb ist es umso wichtiger, dass du im Hier und Jetzt lebst und die Zeit, die du mit lieben Menschen hast, umso mehr genießt und die schönen Erinnerungen bewahrst.

Habe auch keine Angst, zu trauern. Trauer nach einem Verlust gehört dazu, doch versuche, dich nicht auf Dauer darin zu verlieren.

Übung: Konfrontation mit dem Loslassen

Setze dich mit dem Begriff „Loslassen“ auseinander, meditiere ruhig einmal ein wenig darüber. Wie fühlt es sich an, was fürchtest du? Betrachte den Begriff vor deinen inneren Augen von allen Seiten.

Befasse dich die nächste Zeit in deiner Morgenroutine mit dem Wort „Loslassen“ und schreibe täglich 5 Minuten lang auf, was dir jetzt gerade durch den Kopf geht.

Resilienz

In Bezug auf den Umgang mit Schicksalsschlägen spielt Resilienz eine entscheidende Rolle. Vielleicht ist dir dieses Wort bereits begegnet. Ursprünglich stammt der Ausdruck Resilienz aus der Werkstofftechnik, wo er die Fähigkeit von Stoffen bezeichnete, wieder unbeschadet in seine Ausgangsposition zurückzukehren. Ein Beispiel: Ein Bleistift ist nicht besonders resilient, wenn ich ihn verbiegen will, zerbricht er. Eine Poolnudel dagegen ist ausgesprochen resilient und macht jede Menge Verbiegungen problemlos mit.

Inzwischen taucht der Terminus Resilienz auch immer häufiger in der Ratgeber-Literatur sowie in psychologischen Fachtexten auf. Hier bezeichnet er vor allem die Fähigkeit eines Menschen, mit Krisen umzugehen. Handelt es sich bei einer Person um das sprichwörtliche Stehaufmännchen, das nichts umhaut, so hat dieser Mensch eine sehr hohe Resilienz. Letztlich ist Resilienz ein wichtiger Faktor, der darüber entscheidet, ob jemand unter Belastungen psychisch gesund bleibt.

Allerdings setzt Resilienz noch einen obendrauf, weshalb diese Eigenschaft gerne als Immunsystem unserer Psyche bezeichnet wird. Eine hohe Resilienz hilft uns nicht nur, dass krisenhafte Situationen uns nicht umhauen, sondern lässt uns daran sogar noch wachsen. Insgesamt sind sechs Faktoren entscheidend für diese seelische Widerstandsfähigkeit:

- Resiliente Menschen akzeptieren Krisen und Probleme; ihnen ist bewusst, dass sie zum Leben dazu gehören.
- Sie sind zuversichtlich und gehen davon aus, dass die Dinge (wieder) besser werden.
- Sie sind davon überzeugt, dass sie Krisen und Probleme aus eigener Kraft in den Griff bekommen.
- Sie übernehmen Verantwortung für ihr Leben und sehen sich nicht nur als Opfer.
- Sie haben soziale Netzwerke und nehmen Hilfe an.
- Sie lernen aus Krisen und versuchen, Lösungen anzuwenden.

Die Basis für eine gute Resilienz wird bereits in der frühen Kindheit gelegt, doch die gute Nachricht: Auch später lässt sich diese Eigenschaft verbessern. Ja, sie kann wie ein Muskel trainiert werden. Aber das bedeutet nicht, dass du jetzt gewissermaßen „seelisch Gewichte stemmst", etwa von nun an, noch mehr und härter arbeitest als alle anderen, nur noch deine Probleme allein löst etc.

Genau das Gegenteil ist der richtige Weg! Du musst Erholung lernen und hier deine „Fertigkeiten" verbessern: Beachte deine Grenzen, sage Nein, wenn es dir zu viel wird, mache mehr Pausen. Resilienter wirst du, wenn du dir Zeit für dich nimmst, meditierst, achtsam bist, hilfreiche Visualisierungen übst, Zeit mit Freunden verbringst und solche Dinge. Eben das, womit wir unsere mentalen Akkus wieder aufladen können. Gute Ideen sind daher:

- tägliche Meditationen
- gute, intensive Gespräche mit Freunden
- Zeit für Lektüre, die dir etwas gibt
- entspannte Spaziergänge, bei denen du Zeit zum Nachdenken hast
- Wichtige Lebensweisheiten notieren und immer wieder mal vorholen und sich davon inspirieren lassen.

Nutze diese Kraftgeber und integriere sie von nun an in dein Leben. So setzt du eine Positivspirale in Gang, die dir hilft, dich besser, ausgeglichener und zufriedener zu fühlen.

Und falls dir dein Kopf noch manchmal dazwischenfunkt und behauptet, du hättest es eigentlich gar nicht verdient, das Leben zu genießen und dich zu entspannen, kämpfst du von nun an nicht mehr dagegen an. Je härter du dagegen angehen willst, desto unnachgiebiger schlägt der innere Kritiker zurück. Nutze den unemotionalen Blick und lausche kurz, was er dir zu sagen hat. Wenn du dem inneren Kritiker mit freundlicher Akzeptanz begegnest, fühlt er sich wahrgenommen. Seine Aufgabe ist nämlich eigentlich nur, dich vor Schlimmerem zu bewahren. Sage ihm freundlich, dass du dich von nun an selbst um dich kümmerst. Er braucht sich nie wieder Sorgen zu machen, du schaffst das. Ganz sicher!

KAPITEL 8:

Die Top 10 für deine Federn im Kopf

> ***Ich bin ein Gefühlsmessie. Ich kann schöne Gedanken einfach nicht wegwerfen.***

1. Sei präsent.

Genieße den Augenblick, koste ihn aus. Mach dir keine Gedanken um Zukünftiges oder Vergangenes, es liegt nicht in deiner Hand.

2. Sei produktiv.

Komm aus deinem stillen Kämmerlein heraus und handele. Versuche die Dinge voranzutreiben und zum Besseren hinzubewegen. Sei ein wertvoller Teil der Gesellschaft.

3. Sei lieber realistisch als immer nur positiv.

Versuche, deine realistische Ader zu trainieren, ohne dabei das Positive aus dem Blick zu lassen. Es lebt sich leichter, wenn du deine Situation realistisch beurteilst und deine Möglichkeiten bewertest, statt die rosarote Brille aufzusetzen und Unmögliches zu verlangen.

4. Lass dich nicht von anderen beeinflussen.

Höre nicht zu sehr auf das, was andere sagen. Horche stattdessen in dich selbst hinein und führe gute Gespräche mit Freunden.

5. Tue dir selbst Gutes.

Nutze bei einer stressigen Arbeit bereits die Pausenzeiten, um Ruhe und Entspannung zu üben. Meditiere, mache Entspannungsübungen, geh spazieren, triff dich mit Freunden und führe gute, intensive Gespräche – tue das, was dir guttut. Sollte es nicht möglich sein, eine Pause zu machen, atme tief durch und schließe kurz die Augen, um dich zu beruhigen. Egal, wie kurz oder lang die Einheit ist, wichtig ist, dass du sie möglichst zeitnah machst, um die negativen Auswirkungen auf die Gesundheit abzufedern und wieder zu innerer Gelassenheit zu gelangen.

6. Lebe naturgemäß.

Führe ein tugendhaftes, sinnvolles Leben. Denn nur so können wir sichergehen, dass wir es nicht verschwenden. Mach die Welt durch dich ein klein wenig besser. Täglich.

7. Werde dir deiner Stärken und Schwächen bewusst – und sei geduldig mit dir.

Sei dir im Klaren, was du kannst und wo du vielleicht nicht perfekt bist. Nutze deine Stärken aus und arbeite an deinen Schwächen. Diese machen dich umso charmanter. Bleibe mit dir selbst geduldig! Es dauert so lange, wie es dauert.

8. Arbeite an deinem Selbstvertrauen.

Selbstvertrauen ist ungemein wichtig. Was nützt eine Entspannungsübung, wenn du danach sofort wieder in Selbstzweifel versinkst. Arbeite also fortwährend daran, dir selbst mehr Vertrauen entgegenzubringen. Du hast Stärken wie jeder Mensch. Vertraue ihnen.

9. Nutze Visualisierungen.

Trainiere deine Gelassenheit, indem du immer wieder den Blick aus der Vogelperspektive übst. Ganz besonders dann, wenn du wieder Gefahr läufst, dich über jemanden oder ein Ereignis zu ärgern. Über beides hast du keine Macht – nur über dich und deine Emotionen.

10. Erschaffe über den Tag verteilte Routinen.

Jede Routine hilft dir dabei, Ruhe und Entspannung zu finden. Baue sie also ein, wo es möglich ist, ohne dich zu sehr einzuengen.

KAPITEL 9:

Fazit ...
von wegen das Ende!

Konfuzius sagt:
Egal wie schwer
dein Problem ist,
am Ellenbogen
lecken ist schwerer.

Auch wenn das Buch bald endet, so ist dein Weg doch erst am Anfang. Blättere immer mal wieder hinein, lese noch mal nach, wiederhole die Übungen, ergänze deine Aufzeichnungen, Malereien und Collagen und finde so den perfekten Weg zu deinem Federn-im-Kopf-Gefühl.

Und vergiss nicht, immer mal innezuhalten! Vielleicht hast du das Gefühl ja schon längst gefunden, doch vor lauter Plänen, siehst du es nicht und läufst daran vorbei.

Mache dir auch immer wieder klar, dass Zufriedenheit und Gelassenheit Hand in Hand gehen. Eine wichtige Voraussetzung für beides ist: Du musst Frieden mit dir selbst machen.

Ohne Frieden in unserem Inneren gleicht unser Leben einem Paternoster, diesem Aufzug, der unaufhörlich rauf und runter fährt. Wir müssen der Gelassenheit und der Zuversicht einfach mehr Raum geben. Wenn du diesem Weg folgst, findest du den Frieden, die Federn im Kopf, die Leichtigkeit des Seins, die auf ganz natürliche, selbstverständliche Art und Weise auch das Glück beinhaltet, nach dem alle so verzweifelt suchen.

Sei bereit und wenn du das Federn-im-Kopf-Gefühl spürst, halte es fest!

Literaturverzeichnis

Alsen, W. D. (2002): *Zeitlose Weisheiten*, Ich bin Verlag

Bambaran, S. (2002): *Der Träumende Delphin, eine magische Reise zu dir selbst,* Piper Verlag München

Bandler, R. (1997): *Die Abenteuer von Jedermann*, Junfermann, Paderborn

Bandler, R. (2000): *Unbändige Motivation*, Junfermann, 2. Auflage Paderborn

Bertolino, B., Kiener, S., Patterson, R. (2015): *Therapie-Tools Lösungs- und ressourcenorientierte Therapie*, Beltz, 2., neu ausgestattete Auflage, Weinheim/ Basel

Denning, Phillips (1997): *Psychischer Selbstschutz,* Verlag Hermann Bauer, Freiburg im Breisgau

Douval, H.E. (1973): *Bewußtseinserweiterung*, Verlag Hermann Bauer, Freiburg im Breisgau

Epiktet (o. J.): *Das Buch vom geglückten Leben*

Fischer, R. (1975): *Raumfahrt der Seele*, Verlag Hermann Bauer, Freiburg im Breisgau

Gaarder, J. (1993): *Sophies Welt, Roman über die Geschichte der Philosophie*, dtv, München

Gabriel, V. (1998): *Der Alte Pfad,* Frankfurt

Hartmann, F. (1986): *Andere Dimensionen des Denkens,* 2. Auflage, Manas Verlagsgesellschaft, Stuttgart

Hatzelmann, E. (1994): *Ursachen und Lösungsanregung aus NLP Sicht,* NLP Aktuell 3/94

Holiday, R., Hanselman, St. (2017): *Der tägliche Stoiker: 366 nachdenkliche Betrachtungen über Weisheit, Beharrlichkeit und Lebensstil*, Finanz Buch Verlag, München

Lorenz, K. (1973): *Die acht Todsünden der Zivilisierten Menschheit*, Neuausgabe 1996, Auflage 34, Piper Taschenbuch, München

Mach, E. (1886): *Die Analyse der Empfindungen und das Verhältnis des Physischen zu Psychischen,* erweiterte Neuauflage 2008, basierend auf Auflage 6 Jena 1911, Xenomoi Verlag, Berlin

Marcus Aurelius (o. J.): *Selbstbetrachtungen*

Maslow, A. H. (1981): *Motivation und Persönlichkeit,* 12. Auflage, Rowohlt, Reinbek bei Hamburg

Miller, D. (1994): *Critical Rationalism: A Restatement and Defence*, Open Court, Chicago

Omkarananda, S. (1999): *Das Licht des Unendlichen Bewusstseins,* Verlag DLZ-Service, Winterthur

Robertson, D. (2019): *Denke wie ein römischer Herrscher: Die stoische Philosophie des Mark Aurel*, 16. Auflage, Finanz Buch Verlag, München

Seneca, d. J. (o. J.): *Vom glücklichen Leben*

Seneca, d. J. (o. J.): *Briefe an Lucilius*

Spinner, H. F. (1974): *Pluralismus als Erkenntnismodell*, Suhrkamp Verlag, Berlin

Thomas von Aquin (o. J.): *Das Seiende und das Wesen, De ente et essentia*

Vollmer, G. (1975): *Evolutionäre Erkenntnistheorie. Angeborene Erkenntnisstrukturen im Kontext von Biologie, Psychologie,* Verlag Hirzel, Stuttgart

Wittgenstein, L. (o. J./1953): *Philosophische Untersuchungen*, Erstveröffentlichung Posthum 1953, 8. Auflage 2003, Suhrkamp Verlag

Empfehlenswerte Internetseiten

https://modernstoicism.com/

https://whatisstoicism.com/

https://dailystoic.com/what-is-stoicism-a-definition-3-stoic-exercises-to-get-you-started/

Printed in Poland
by Amazon Fulfillment
Poland Sp. z o.o., Wrocław

17011935R00132